D1554244

TU CEREBRO MÁS JOVEN

Tony Buzan

# Tu cerebro más joven
Aumenta tu memoria
en una semana

E D I C I O N E S   U R A N O
Argentina - Chile - Colombia - España
Estados Unidos - México - Uruguay - Venezuela

Título original: *Age-Proof Your Brain*
Editor original: Thorsons, an imprint of HarperCollins*Publishers*, Londres
Traducción y adaptación al español: Alicia Sánchez Millet

Originally Published in English by Harper
CollinsPublishers Ltd. under the title: *Age
Proof Your Brain*. Translated under license
from HarperCollins Publishers Ltd. The
author asserts the moral right to be iden-
tified as the author of this work.

ISBN: 978-84-7953-707-4
Depósito legal: NA. 1503 - 2009

Fotocomposición: A.P.G. Estudi Gràfic, S.L.
Torrent de l'Olla, 16-18, 1º 3ª - 08012 Barcelona
Impreso por Rodesa S.A. - Polígono Industrial San Miguel
Parcelas E7-E8 - 31132 Villatuerta (Navarra)

Impreso en España - *Printed in Spain*

# Índice

# Agradecimientos

Mi más sincero agradecimiento a mi maravilloso equipo de HarperCollins: Carole Tonkinson, responsable de edición; Susanna Abbott, directora editorial, que también me ha ayudado a escribir este libro; Jacqui Caulton, directora de diseño; Monica Green, directora de producción; Liz Dawson, directora de publicidad, y Belinda Budge, directora ejecutiva y editora.

También quiero dar las gracias a John Farndon, por ayudarme a escribir este libro; a Lizzie Hutchins, por su soberbio trabajo en la revisión, y a Caroline Shott, mi increíble agente literaria, cuya energía y dedicación siempre me sorprenden.

Por último, mi especial agradecimiento a mi equipo casero: Anne Reynolds, por su incansable y eficiente apoyo; a mi hermano, profesor Barry Buzan, por los largos años que lleva creyendo en mí y en mi concepto de los Mapas Mentales; y a mi madre, Jean Buzan, que siempre me ha animado a seguir mi visión de los Mapas Mentales.

# Introducción

## Sé el amo de tu memoria

¡Abandona el concepto de que cada año que pasa te acerca a la cruel «realidad de la senectud» y a pertenecer al club de los NPRN (No puedo recordar nada)! La idea de que el cerebro se deteriora automáticamente con la edad es totalmente errónea, y la ciencia puede demostrarlo. Lo cierto es que has de cuidarlo, al igual que cualquier otra parte de tu cuerpo, para que siga funcionando correctamente; y del mismo modo que éste, tendrá que esforzarse para estar a la altura de tus exigencias si no le das lo que necesita. De esto trata este libro. Mantén en forma y ágil tu cerebro, y seguirá funcionando como deseas. Siempre podrás mantenerlo al margen del envejecimiento.

Veamos cómo están tus facultades mentales en estos momentos. Tu evaluación personal se realizará en dos partes: la primera es un análisis subjetivo; la segunda, una serie de ejercicios prácticos.

# ¿Cómo está tu cerebro?

## PRIMERA PARTE: ¿Dónde crees que estás ahora?

Este análisis subjetivo es un indicador muy útil para saber tu grado de agilidad mental. Guárdate los resultados, y cuando repitas este cuestionario más adelante, podrás ver tu progreso.

En una escala del 1 (fácil) al 5 (tienes un problema real), ¿cuánto te cuesta recordar las cosas?

### Recordar nombres
- ☐ De alguien que acabas de conocer
- ☐ Amigos
- ☐ Familiares
- ☐ Lugares donde has estado, como restaurantes
- ☐ Títulos de libros y películas que hayas leído/visto

### Recordar números
- ☐ Tu número del DNI
- ☐ El número de tu cuenta bancaria
- ☐ Números de teléfono de familiares
- ☐ Números de teléfono nuevos
- ☐ Hacer sumas sencillas

### Recordar fechas/tareas
- ☐ Cumpleaños y aniversarios
- ☐ Citas
- ☐ Tareas domésticas

## Recordar

- ☐ Dónde pones las cosas (llaves, mandos a distancia, etc.)
- ☐ Dónde has aparcado el coche
- ☐ Instrucciones

## Recordar historias

- ☐ Lo que viste anoche en la tele, leíste en el periódico, etc.
- ☐ Lo que acabas de decir
- ☐ Lo que acaba de decir la otra persona
- ☐ La palabra apropiada para algo

*Suma tus resultados y veamos cómo lo has hecho:*

**20-30** ¡Enhorabuena! No tienes problemas de memoria de ningún tipo. Diviértete con el programa y los retos mentales que te ofrece este libro para mantener tu mente en condición óptima.

**31-40** Tienes pequeños problemas de memoria. Sigue el programa de este libro para poner a punto tu mente y erradicarlos del todo.

**41-60** Tienes problemas de memoria normales. Cíñete al programa y empezarás a destacar.

**61-80** Tienes dificultades moderadas con tu memoria y necesitas seguir estrictamente este programa para volver a estar en forma. Empezarás a notar mejoría en 7 días.

**81-100** Tienes problemas graves de memoria. Puedes empezar a mejorar tu rendimiento utilizando las técnicas de memoria de este libro y siguiendo el programa. Persevera, y pronto observarás una mejoría en tus resultados.

## SEGUNDA PARTE: El Regenerador Mental de 7 minutos

Esta parte de tu evaluación personal está diseñada para poner a prueba tu rendimiento mental en seis áreas diferentes:

1. **Memoria a corto plazo**
2. **Memoria a largo plazo**
3. **Lenguaje**
4. **Lógica**
5. **Análisis**
6. **Creatividad**

Este ejercicio te encauzará hacia tu buena forma mental. Estimulará el flujo de sangre al cerebro y empezará a construir nuevas conexiones, ambas cosas esenciales para mantenerlo ágil y saludable.

Lo único que necesitas son 7 minutos, papel, un bolígrafo o un lápiz y algo para calcular exactamente el tiempo (la mayor parte de los teléfonos móviles tienen cronómetro incorporado). Sigue cuidadosamente las instrucciones —asegúrate de que utilizas sólo el tiempo estipulado para cada pregunta—, luego revisa las respuestas para ver los resultados. (Las respuestas están al final del libro.)

## Tónico para la Memoria

**Tiempo:** 60 segundos
**Objetivo:** memoria a corto plazo

*Series numéricas*
A continuación hay una serie de números. Tienes que recordar todos los que puedas en 60 segundos.

Tápalos, dejando sólo a la vista el primer número de la columna izquierda. Memorízalo, tápalo y escríbelo. (Para taparlo, utiliza la mano con la que escribes para evitar la tentación de escribir lo que ves.) Ahora destapa el segundo número. Recuérdalo, cúbrelo y escríbelo. Desplázate por la lista durante 60 segundos y llega hasta donde puedas.

Cuando haya concluido tu tiempo, revisa las respuestas. ¿Hasta dónde has llegado? Márcate un punto por cada grupo de números que hayas recordado correctamente.

| | |
|---|---|
| 4567 | 34187824 |
| 6788 | 521980935 |
| 56899 | 768956431 |
| 12546 | 1768518945 |
| 178498 | 6548921237 |
| 986734 | 57234568125 |
| 7898239 | 86735159371 |
| 7234512 | 462729138746 |
| 89352627 | 193426987365 |

**Puntuación: /18**

## Construye tu Memoria

**Tiempo:** 60 segundos
**Objetivo:** memoria a largo plazo

*Banco de hechos*
A continuación tienes la lista de los 7 pecados capitales. Tienes 20 segundos para recordarlos. Tapa el libro, y escribe los que puedas recordar. Apúntate 1 punto por cada respuesta correcta, y 1 extra si los recuerdas todos.

| | |
|---|---|
| Soberbia | Envidia |
| Lujuria | Pereza |
| Ira | Avaricia |
| Gula | |

**Puntuación:** /8

Ahora vienen los 9 planetas típicos del sistema solar, en orden. Tienes 40 segundos para recordarlos. Tapa el libro y escribe los planetas en el orden correcto. Apúntate ½ punto por cada planeta que recuerdes, y 5 y ½ si los recuerdas todos en el mismo orden.

| | |
|---|---|
| Mercurio | Saturno |
| Venus | Urano |
| Tierra | Neptuno |
| Marte | Plutón |
| Júpiter | |

**Puntuación:** /10

## El Poder de las Palabras

**Tiempo:** 60 segundos
**Objetivo:** lenguaje

*Anagrama*

En los anagramas se cambia el orden de las letras de una palabra para formar otra. En cada una de las palabras que se enumeran a continuación figuran, escondidos, 2 nombres de animales (o incluso 3). Date 60 segundos para resolver estos jugosos anagramas. Apúntate 2 puntos por cada anagrama que resuelvas.

ALBOROTA          ATRACAMOS
ARANOSO           BARCELONA
APARATOS
**Puntuación:** /10

## El Potenciador de la Lógica

**Tiempo:** 60 segundos
**Objetivo:** lógica

*Lógica de edades*
Esta vez ejercita tu poder de la lógica para adivinar las edades de estos tres amigos. Tienes 60 segundos. Apúntate 2 puntos por cada edad que hayas respondido correctamente, y 2 extra si aciertas las tres.

George, Tony y John suman 48 años entre los tres.
Dentro de seis años, John doblará la edad a Tony.
La edad de George y la de Tony juntas igualan a la de John.
**Puntuación:** /8

## El Poder Analítico

**Tiempo:** 60 segundos
**Objetivo:** lógica

*Descifrar*
¿Puedes ver el mensaje oculto del texto? Aparentemente es un asunto de negocios, pero en realidad se trata de una esposa infiel que tiene una cita con su jefe. Apúntate 6 puntos si descifras correctamente el mensaje.

EN SAUNIER TELFORD AGUARDAN NUESTRA OFERTA CERRADA HASTA ESTA TARDE URGENTE Y OBVIAMENTE DEBEN ACEPTARLA NO INTERPONIÉNDOSE.
**Puntuación:** /6

## El Pensamiento Creativo

**Tiempo:** 120 segundos
**Objetivo:** lógica

*Hacer asociaciones*
Tienes 120 segundos para pensar en los distintos usos que le puedes dar a una navaja según la siguiente lista de palabras. ¡Sé todo lo imaginativo y ridículo que quieras!

| | |
|---|---|
| silla | lluvia |
| San Jorge | oreja |
| planeta Tierra | radio |
| cena | cohete espacial |
| baloncesto | mantequilla |
| madera | Francia |
| elefante | novia |
| nubes | carpintero |
| oso | fregadero |
| pan | periódico |
| zapato | bombilla |

Puntúate según los usos que se te hayan ocurrido:

| | |
|---|---|
| 0-10 usos | 2 puntos |
| 11-20 usos | 4 puntos |
| 21-30 usos | 6 puntos |
| 31-40 usos | 8 puntos |
| +40 usos | 10 puntos |

**Puntuación:** /10

*Suma tus puntos y a ver cómo lo has hecho:*

**60-70**  ¡Fabuloso! ¡Realmente eres muy agudo/a! Sigue ejercitando ese fabuloso cerebro que tienes con el programa de este libro.

**45-59**  En general, tu cerebro está en perfecta forma. Es importante que sigas trabajando con los ejercicios de este libro. Observa en qué áreas has sacado una nota más baja y concéntrate en esas partes del programa.

**30-44**  Es una puntuación media que, por supuesto, implica que puedes mejorar mucho. Sigue las técnicas y el programa de este libro en cuanto puedas, y tu rendimiento mejorará de forma espectacular.

**15-29**  Sigue leyendo y empieza el programa cuanto antes. Te pondrás en forma mentalmente y te permitirá acceder a ese genio ilimitado que hay en ti. Cíñete al programa, y te sorprenderá ver lo rápido que puedes cambiar tu estado mental.

**0-14**  No te desanimes por tu puntuación pues estas técnicas y este programa están diseñados para aumentar tu rendimiento mental; la clave está en poner a prueba tu cerebro con regularidad para que vuelva a estar en forma, y si eres constante, lo conseguirás.

## LA EDAD NO IMPORTA

Muchas veces se supone que cuanto más joven eres, mejor nota sacas en este tipo de pruebas. Lo cierto es que tu puntuación depende más de lo en forma que esté tu cerebro. Cualquier persona de la edad que sea puede descuidar su buena forma mental.

No hace mucho los científicos todavía nos decían que el cerebro perdía facultades con la edad. En realidad, nunca ha habido demasiadas pruebas que respaldaran esta afirmación. Durante mucho tiempo, las pruebas de coeficiente intelectual (CI) parecían demostrar que los jóvenes sacaban mejores puntuaciones que los mayores, lo que dio pie a la suposición de que la inteligencia decrecía con la edad. Pero resultó no ser cierto por dos razones. La primera fue que simplemente se trataba de una cuestión de entrenamiento: los jóvenes tenían más práctica en este tipo de ejercicios, por eso sus niveles de rendimiento eran mayores. En cuanto se entrenó a los mayores a pensar de este modo, su nivel de rendimiento también aumentó notablemente. La segunda razón fue que en un principio las pruebas se hacían contrarreloj. Si se eliminaba la presión del tiempo, los mayores lo hacían tan bien como los jóvenes, y se puede argüir que los mayores son más lentos por la sencilla razón de que su experiencia les ha enseñado que han de filtrar más posibilidades para llegar a una respuesta. ¡La edad amplía tus horizontes mentales!

Utilizando técnicas como la RMF (Resonancia Magnética Funcional), los científicos han descubierto que el cerebro es un organismo vivo flexible con una sorprendente capacidad de cambio y desarrollo a lo largo de la vida. Se dice que es «plástico», maleable, es decir, que se puede programar y reprogramar a sí mismo casi ilimitadamente. Son este tipo de pruebas las que están convenciendo a los científicos de que, al igual que el cuerpo, el cerebro necesita ejercicio para estar en forma.

## HECHOS SOBRE EL CEREBRO

# Las monjas de Mankato

Las monjas de la congregación Hermanas Educadoras de Notre Dame de un recóndito lugar llamado Mankato, en Minnesota, han despertado mucho interés en los investigadores del envejecimiento cerebral, y no es de extrañar. Muchas de ellas tienen más de 90 años, y unas cuantas más de 100. La hermana Marcella Zachman, que apareció en una portada de la revista *Life*, dio clases hasta los 97. La hermana Mary Esther Boor trabajó en la recepción hasta que decidió jubilarse ¡a los 99 años! Además, las monjas parecen sufrir muchos menos casos de demencia senil u otras enfermedades cerebrales que el resto de las personas, y cuando las padecen, son menos graves.

El profesor David Snowdon, de la Universidad de Kentucky, cree que hay una buena razón para ello. Las monjas se toman muy en serio lo de que «una mente perezosa es el taller del diablo», y hacen todo lo posible para mantener sus mentes ocupadas. Siempre están compitiendo en concursos, resolviendo enigmas, manteniendo vigorosos debates, escribiendo en sus publicaciones, dirigiendo seminarios y muchas cosas más. Snowdon ha examinado los cerebros de más de 100 monjas de Mankato, que fueron donados tras su fallecimiento, y cree que el estímulo intelectual hace que los conectores del cerebro que suelen atrofiarse con la edad se ramifiquen y creen nuevos vínculos.

# ¡TU CEREBRO ESTÁ EN TUS MANOS,
# EN TUS PENSAMIENTOS!

El descubrimiento más impactante e importante de los últimos tiempos es que el rendimiento del cerebro está bajo nuestro control en mayor medida de lo que los científicos habían sospechado hasta el momento. El futuro de nuestro cerebro está básicamente en nuestras manos, o mejor dicho, ¡en nuestros pensamientos! El grado en que pongamos a prueba al cerebro y mantengamos nuestro afán de aprender es lo que más influye en su funcionamiento.

La presente obra combina la teoría y la práctica en un programa de entrenamiento que te ayudará a sacar el máximo provecho de tu sorprendente cerebro, sea cual sea tu edad. Aprenderás varias maneras de estar en buena forma mental, desde la agilidad mental y la memoria hasta el ejercicio físico y la dieta.

Cuanto más sepas sobre tu cerebro y su funcionamiento, mejor podrás utilizar sus increíbles habilidades. Lo mejor es que el propio acto de aprender y pensar en su funcionamiento es un estímulo tan valioso para él, como para el cuerpo es saludable la comida. A medida que vayas leyendo irás viendo toda una gama de técnicas y consejos que te ayudarán en tu programa de entrenamiento mental y a que pases enseguida a la acción.

El programa está dividido en sesiones de distinta intensidad y duración. Empieza con el plan de 7 días para poner a punto la mente, que te robará sólo 1 hora de tu tiempo durante 7 días. Al final de la semana observarás que ha aumentado tu perspicacia y agilidad mental.

En la segunda parte del programa tendrás que dedicar 1 día a la semana durante 7 semanas: el plan de 7 semanas para mantener la mente en forma. Al final de esta parte del programa notarás que tienes tanto ingenio como hace 10 años, o incluso más.

La última parte del programa es para mantener y seguir desarrollando el progreso que has hecho. Hay unos cuantos potenciadores mentales de 7 minutos para mantenerte en forma, y un montón de sugerencias para que tu cerebro siga rindiendo al máximo. Al final del programa, tus habilidades mentales deberían haberse desarrollado por encima de lo que habías conseguido hasta ahora. Puesto que tu cerebro te estará funcionando tan bien, descubrirás que tu calidad de vida también ha mejorado: deberías sentirte más feliz, más seguro, con más ganas de aventura y con un renovado interés por la vida.

¿A qué estás esperando? ¡Pasa la página y empieza!

# PRIMERA PARTE

# 1

# Consigue más de tu cerebro

*Aquello que puedas hacer, o sueñas que puedes hacer, comiénzalo.*
*La audacia tiene genio, poder y magia. Empieza ahora.*

Atribuido a JOHANN VON GOETHE

¿Estás preparado para empezar un programa que te enseñará a aumentar tu poder cerebral, a mejorar tu memoria y a hacer realidad tus sueños? Tu cerebro es tu mejor herramienta; más rápido y más complejo que los ordenadores más sofisticados. Sencillamente, es una de las cosas más sorprendentes del universo. Todos los días hace cosas extraordinarias por ti, y puede hacer más. Aprender cómo funciona te ayudará a usarlo adecuadamente. De ese modo todavía podrás sacar mayor provecho de tu cerebro y de tu vida.

Si pudieras mirar en el interior de tu cabeza, verías un complejo paisaje de cordilleras y valles. Este delicado mundo rosa —que en realidad es entre un 72 y un 82 por ciento agua— te permite pensar, amar, comer, dormir, despertarte, ir a trabajar, correr, saltar, practicar deportes, ver la televisión; en resumen, hacer todo aquello que te convierte en humano.

Es un mundo con un complejo entramado de diminutas

células, cada una de ellas un paquete infinitesimal de compuestos bioquímicos. Existen billones de células, incluidas una gran cantidad de células gliales, que son las encargadas del «mantenimiento» del cerebro, el soporte mecánico que lo mantiene aglutinado. Sólo el 10 por ciento de estas células está dedicado al pensamiento, las ramificadas neuronas. De todos modos, hay más de 100.000 millones de neuronas. Lo que es más importante, cada una de ellas extiende sus axones a través del cerebro para conectar hasta con 100.000 neuronas más. Existen más de 100 billones de vías por las que se pueden conectar las neuronas, ¡eso es más que el número de átomos que hay en todo el universo! Además, cada conexión puede vincularse en 10 niveles distintos, lo que significa que en realidad existen 1.000 billones de posibilidades. Estos millares de conexiones son los que procesan cada pensamiento y guían cada una de tus acciones.

## CÉLULAS CEREBRALES

Las neuronas, es decir, las células que forman tu cerebro, son diminutas para que puedan caber tantas en tu cabeza. En el microscopio parecen plantitas con raíces en ambos extremos. Del bulbo, o cuerpo nervioso, se ramifican cientos de filamentos radiantes, denominados dendritas. Se las denomina las antenas de las células, y son las encargadas de captar las señales de las células vecinas. Su largo tallo se denomina axón, y es la parte de la célula que transmite las señales a las otras.

Las señales se emiten constantemente; sin embargo, las neuronas no llegan a tocarse, sino que existe un pequeño espacio entre ellas, denominado sinapsis. Cuando un impulso nervioso pasa de una neurona a otra, cruza esos espacios mediante unas sustancias químicas que se llaman neurotransmisores. Existen al menos 53 neurotransmisores conocidos. Éstos se

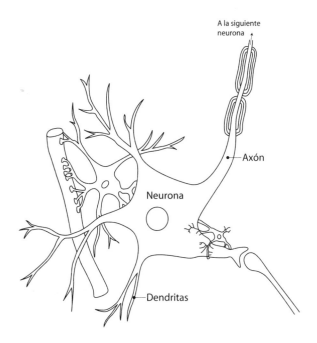

almacenan en forma de gotitas en las terminaciones nerviosas o vesículas. Cuando llega una señal a una terminación nerviosa, las vesículas se orientan hacia la sinapsis y derraman su contenido en ese espacio. Los neurotransmisores lo inundan y entran en contacto con las células nerviosas vecinas.

Los neurotransmisores actúan como una puerta con su llave. Para que una señal nerviosa pase su mensaje, el neurotransmisor ha de ser la sustancia química correcta para que encaje o abra el receptor en la otra neurona. Si el neurotransmisor es el correcto, cambia la química de la membrana nerviosa receptora. Esto inicia cambios eléctricos en la pared celular de la neurona, que transmitirán la señal a lo largo de toda la neurona.

## TU CEREBRO PLÁSTICO

No hace mucho los científicos estaban convencidos de que las conexiones neuronales se establecían en el momento del nacimiento. Se creía que a lo largo de la vida, con el aprendizaje y las experiencias nuevas, íbamos usando más de estas conexiones. Puesto que también se pensaba que las células cerebrales morían por millones a diario, parecía inevitable que, a medida que envejeciéramos, nuestro cerebro se quedara sin suficiente espacio para funcionar como debe.

Gracias a las nuevas tecnologías de imagen como las RMF y a un montón de ingeniosas investigaciones clínicas, esta idea ha cambiado por completo. Ahora sabemos que a lo largo de nuestra vida, sorprendentemente, nuestras conexiones cerebrales cambian sin cesar. En cada instante algunas de ellas se fortalecen, mientras que otras se debilitan. Cada segundo se forman nuevas conexiones, mientras que otras dejan de utilizarse o cambian de dirección. En realidad, la red neuronal del cerebro nunca es la misma, y varía en cada instante. Incluso cuando estás sumergido en un sueño profundo, el cerebro sigue con su actividad neuronal. Siempre que experimentas una emoción intensa o estás absorto en una compleja actividad mental, el cerebro parece iluminarse a medida que innumerables neuronas se activan simultáneamente. Con la llegada de estímulos diferentes, oleadas de nueva actividad inundan sin cesar el cerebro, y cada una conecta con su propio patrón de neuronas. Nunca repiten patrón —todas las experiencias son distintas—, el cerebro cambia constantemente.

## REDES EN EL CEREBRO

Cuando llega una sensación a tu cerebro, un torbellino de actividad atraviesa un grupo o red específico de neuronas. Cada neurona pasa el mensaje a otras y envía de nuevo una señal a las que lo han alertado. Este bucle de retroalimentación puede ampliar la señal o apagarla.

Cuando la señal inicial se ha apagado, las neuronas implicadas refuerzan sus conexiones entre ellas. Están listas para volver a disparar usando el mismo patrón. Si esa sensación se repite, tus neuronas están preparadas para derramar sus neurotransmisores con mucha más rapidez, como si ya hubiera un camino bien trazado en el cerebro. Si la sensación no se repite, las conexiones empezarán a debilitarse a medida que el camino deje de usarse. Por consiguiente, cuanto más se repite una sensación o acción particular, más se refuerza un grupo de neuronas en concreto.

Michael Merzenich, de la Universidad de San Francisco en California, llevó a cabo unos famosos experimentos con monos y ardillas. Puso bolitas de plátano en unos recipientes justo fuera de sus jaulas y con su ordenador captó imágenes de su actividad cerebral a medida que utilizaban los dedos para coger las bolitas a través de las rejas. Una vez que los monos aprendían a coger las bolitas, fue reduciendo el tamaño de los recipientes para dificultarles la tarea. A medida que eran más hábiles, aumentaba el área del cerebro implicada cuando utilizaban sus dedos. Cuando dominaban la tarea, el área volvía a disminuir. Cuando la habilidad se convertía en un acto automático, se iba postergando en la cadena de mando.

## RECARTOGRAFIAR EL CEREBRO

Antes se pensaba que ciertas áreas del cerebro estaban destinadas a realizar ciertas tareas. Los científicos médicos solían dibujar maravillosos diagramas del cuerpo y del cerebro mostrando qué áreas de la corteza sensorial —una zona alrededor de la parte superior del cerebro que es como la banda metálica que une los auriculares— tenían terminaciones nerviosas en diferentes partes del cuerpo. Entonces se creía que estaban firmemente conectadas con el cerebro de por vida. Ahora sabemos que esto no es como pensaban. Las investigaciones realizadas por Edward Taub han demostrado lo contrario. En 1991, cortó los nervios de las manos de algunos de sus monos de laboratorio. Bajo la presión de los activistas por los derechos de los animales, Taub dejó sus experimentos. Pasados algunos años, cuando los científicos examinaron de nuevo a esos monos, descubrieron que las áreas del cerebro que antes recibían señales de los ya inservibles dedos, ahora las recibían de la cara. Esto demostró que el cerebro puede reconectarse por completo y que las áreas que no se utilizan normalmente pueden realizar otras funciones.

Las investigaciones también revelaron más cosas sobre la sorprendente «plasticidad» cerebral. Hasta mediados de 1960 se pensaba que los adultos no podían formar nuevas sinapsis o conexiones entre las neuronas. Los neurocientíficos creían que una vez que había cesado el desarrollo del cerebro después de la infancia, las sinapsis se congelaban en una posición para el resto de la vida. Entonces, las investigaciones confirmaron que se podían formar nuevas sinapsis. Los científicos bautizaron a esta habilidad para el cambio como «plasticidad sináptica».

El fallecido Christopher Reeve es un buen ejemplo de cómo el cerebro puede autorreestructurarse y formar nuevas sinapsis.

Un trágico accidente de equitación en 1995 le dejó tetrapléjico, e incluso necesitaba respiración asistida. Durante cinco años su condición física se fue deteriorando en lugar de mejorar. Luego, en el año 2000, empezó a hacer grandes progresos. Con la ayuda del doctor John McDonald, un cirujano neurológico de la Universidad de Washington en San Luis, Missouri, Christopher Reeve volvió a entrenar su cuerpo y su mente. Ambos se embarcaron en un programa de terapia intensivo donde ejercitaban distintas partes del cuerpo mediante corrientes eléctricas. Mientras trabajaba una parte de su cuerpo, Christopher utilizaba técnicas de visualización para entrenar su mente a que enviara la señal correcta para mover dicha parte.

En el mes de noviembre del año 2000, Christopher había recobrado el control de los músculos de su dedo índice derecho. Los otros dedos siguieron el mismo camino hasta que pudo levantar la mano derecha de la mesa doblando la muñeca, y consiguió mover los brazos y las piernas yaciendo de espalda. Cuando murió en 2004 —debido a una reacción adversa a los antibióticos—, ya no utilizaba la respiración asistida, podía impulsarse en el agua, y sentir el tacto de un dedo sobre su piel en casi la mitad de su cuerpo. También fue el primer paciente tetrapléjico que se conozca que pasó de un estado «A» (parálisis total) a un estado «C» (el estado «E» es el normal).

## UN MAPA DEL CEREBRO

La estructura del cerebro es compleja y variada, y sus distintas partes realizan diferentes funciones.

El rasgo más característico es que tiene dos mitades o hemisferios, conocidos como hemisferio derecho y hemisferio izquierdo. Están separados

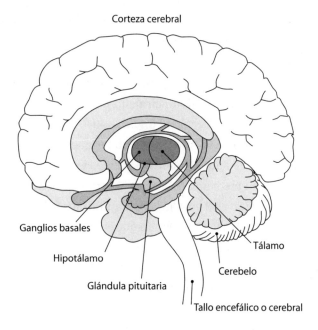

Corteza cerebral

Ganglios basales

Hipotálamo

Glándula pituitaria

Tálamo

Cerebelo

Tallo encefálico o cerebral

por un profundo surco. Un enorme haz de fibras nerviosas denominado cuerpo calloso cruza el surco y mantiene ambas mitades en contacto.

Hay tres regiones principales en cada lado del cerebro. En el centro y en el fondo de cada hemisferio, conectados a los nervios de la médula, se encuentra la raíz del cerebro, el tallo del encéfalo. El tallo encefálico (o cerebral) es el responsable de las funciones corporales subconscientes básicas, como la respiración y el ritmo cardíaco.

Justo detrás del mesencéfalo, la parte superior del tallo del encéfalo, hay una protuberancia del tamaño de un albaricoque. Es el cerebelo, que controla el equilibrio y la coordinación.

La tercera zona y la más amplia es el cerebro, que envuelve al mesencéfalo como una ciruela a una piedra. Aquí es donde tiene lugar el pensamiento consciente y las tareas complejas como hablar, leer, y el control consciente del movimiento. El cerebro se divide en cuatro partes denominadas lóbulos.

El cerebro tiene una capa externa rugosa, con pliegues que forman grandes surcos denominados cisuras, y protuberancias denominadas circunvoluciones. Esta es la corteza cerebral y es el centro de control del cerebro. Aquí es donde se reciben y controlan los mensajes del cerebro y de donde salen las órdenes al resto del cuerpo.

Si separaras los hemisferios, bajo la corteza encontrarías una compleja colección de cámaras y tubos de distintos tamaños. En el centro, justo debajo del cuerpo calloso, en forma de cuerno hay una estructura que se denomina sistema límbico. Aunque el sistema límbico forma parte del cerebro inconsciente, tiene un profundo efecto en nuestra forma de ver el mundo, pues es donde se generan las emociones y donde surgen nuestros deseos y necesidades básicas. Dentro del mismo se encuentra otra estructura en forma de caballito de mar, denominada hipocampo, que es esencial para conservar los recuerdos a largo plazo, y la amígdala, gracias a la cual sabemos que estamos asustados.

## ¿TIENE EDAD EL CEREBRO?

La plasticidad del cerebro tiene implicaciones muy interesantes para el envejecimiento. Sabemos que nuestro cerebro es maleable a lo largo de la vida. ¿Podríamos usar esta plasticidad para mantener nuestra mente en forma, llevándola siempre a zonas nuevas para compensar cualquier deficiencia? En otras palabras, ¿es posible poner a prueba nuestro cerebro realizando cambios, sea cual sea nuestra edad?

Pues eso parece. Es más, es muy probable que esté totalmente *bajo nuestro control*. Podemos hacer estos cambios *simplemente cambiando el modo en que utilizamos el cerebro*.

Taub y sus colaboradores han encontrado muchas pruebas

de que el cerebro se puede curar gracias a su propia plasticidad. Curiosamente, algunas personas que han perdido la función de un brazo debido a un accidente cerebrovascular, han sido entrenadas para volver a usarlo, inutilizándoles el brazo sano y obligándolas usar el que aparentemente está muerto, mediante una técnica denominada terapia de restricción inducida del movimiento. Aunque la parte del cerebro que controlaba el brazo esté dañada, la terapia de restricción inducida del movimiento lo obliga a abrir nuevas áreas para mover el miembro sin vida. Se han obtenido resultados similares con los problemas del habla, e incluso con la dislexia. Aunque esta investigación todavía se encuentra en su primera fase, Mezernich cree que la plasticidad del cerebro puede realmente capacitarnos para protegernos contra el declive de la edad.

## ACOLCHAMIENTO MENTAL

Desde otra perspectiva, las investigaciones respaldan la teoría de Mezernich sobre cómo podemos proteger nuestro cerebro del deterioro provocado por la edad. El hecho de que las personas que tienen vidas estimulantes intelectualmente y con un nivel más alto de estudios parecen estar más protegidas contra el deterioro mental asociado al envejecimiento, incluso contra el alzheimer, hace mucho tiempo que desconcierta a los científicos. En realidad, también parecen estar más protegidas contra las lesiones en la cabeza, emborracharse, el párkinson y el propio envejecimiento. Algunos científicos dijeron que simplemente se trataba de sentido común: cuanto más tienes, más te puedes permitir perder. Las últimas investigaciones muestran que este acolchamiento mental, denominado «reserva cognitiva», es algo más sustancial.

Las investigaciones demuestran que, aunque la reserva cognitiva, en realidad, no protege contra el deterioro físico del cerebro, sí parece amortiguar los *efectos* de cualquier lesión que pueda padecer la persona. Por ejemplo, cierto grado de deterioro mental en la vejez está relacionado con el de la materia blanca del cerebro o la parte formada principalmente por axones que conectan las neuronas. En 2001, las investigaciones de Laurence Whalley, de la Universidad de Aberdeen, demostraron que las personas más cultas parecían perder menos capacidad mental para la misma cantidad de pérdida de materia blanca. Dos años después, los investigadores de California demostraron que las personas muy cultas tenían menos probabilidad de sufrir una disminución en su coeficiente intelectual (CI) tras una lesión en la cabeza. Cada vez existe un mayor consenso respecto a que las personas más cultas e inteligentes pueden sacar mayor provecho de su cerebro.

Una de sus formas de funcionamiento es encontrando vías alternativas. En los casos en que personas brillantes han padecido una lesión en el cerebro, éste ha podido hallar con mayor facilidad redes de apoyo para compensar la pérdida.

Otro modo en que las personas brillantes pueden superar estas situaciones mejor que otras es utilizando su cerebro de una forma más eficiente. Yaakov Stern, de la Universidad de Columbia en Nueva York, escaneó cerebros de jóvenes y mayores para observar sus niveles de actividad mental, y descubrió que los cerebros de los que tenían un CI más alto, hacían menor esfuerzo cuando realizaban tareas complejas que los que tenían un CI más bajo. Stern cree que tener redes neuronales más eficientes protege a las personas que tienen un CI alto de algunos problemas asociados a la edad.

## NUEVAS CÉLULAS CEREBRALES

Como si éstas no fueran suficientes buenas noticias, hay una tercera línea de investigación que también respalda la evidencia de que el declive mental de la edad es más que evitable. En primer lugar, las investigaciones han demostrado que las células nerviosas se pueden regenerar después de una lesión. En segundo lugar, también han demostrado que a lo largo de la vida se creaban nuevas células nerviosas en algunas partes del cerebro, como el hipocampo. La neurogénesis, tal como se bautizó a este proceso de creación de células nerviosas, era bastante limitada. No obstante, el mero hecho de que existiera ya fue una sorpresa total y ocasionó un tremendo revuelo entre los neurocientíficos. ¿Y si se pudiera estimular hasta el nivel donde se pudieran reparar las células cerebrales dañadas?

Algunos investigadores estudian formas de estimular la neurogénesis a través de medicamentos. Otros exploran la posibilidad de potenciarla con células madre (las células especiales de las cuales se desarrollan nuevas células corporales). Estas células madre encierran la posibilidad de invertir enfermedades mentales asociadas al envejecimiento como el alzheimer, el párkinson y el Huntington (corea crónica progresiva).

## APRENDIZAJE

Una de las cosas más sorprendentes sobre el cerebro humano es su gran capacidad de aprender a lo largo de la vida. Hay unas cuantas funciones básicas que están desde el principio, como saber respirar, controlar el latido del corazón y la temperatura corporal. Aparte de esas habilidades innatas, casi todo lo demás lo ha de aprender, y lo hace renovando las conexiones como respuesta a las condiciones que le plantea el mundo exterior. Dale un estímulo, y sus conexiones neuronales cambiarán y aprenderán. Sin estímulo, las conexiones siguen sin inmutarse, o incluso llegan a deteriorarse.

Cuando somos jóvenes, el cerebro ha de hacer un gran esfuerzo para aprender. De niños, el cerebro es un hervidero de actividad de aprendizaje y necesita el doble de glucosa que un adulto para mantener este proceso. Las investigaciones con animales han demostrado que las neuronas que se estimulan mediante el aprendizaje forman conexiones más fuertes con otras neuronas. Se crean más vasos sanguíneos en las áreas del cerebro que están siendo estimuladas, aumentando así el flujo de sangre y aportando energía en forma de glucosa y oxígeno extra para alimentar las células. Las células gliales, las encargadas del mantenimiento del cerebro, crecen rápidamente en las zonas estimuladas. Lo mismo sucede con el proceso de mielinización, la envoltura de la cola transmisora de la neurona o axón que está protegida por la mielina aislante, que aumenta la potencia de las señales de la neurona. El aprendizaje puede incluso estimular el crecimiento de células nerviosas totalmente nuevas en la zona apropiada.

## HECHOS SOBRE EL CEREBRO

## Las monjas de Mankato

El cerebro empieza a desarrollarse desde el momento en que el esperma penetra en el óvulo, y lo hace a un ritmo realmente alucinante. Cada segundo de la primera fase del embarazo de tu madre, tu cerebro estaba creando 4.000 nuevas células primitivas. ¡Cada hora creaba 15 millones! A medida que iban creciendo, iban migrando a sus respectivos lugares, aunque nadie sabe cómo conocen adónde tienen que ir. Algunas nunca llegan.

Cuando llegan a su destino final, las neuronas estiran sus conectores a las neuronas vecinas. Algunas realizan innumerables conexiones y medran, otras están aisladas y se marchitan. Las que sobreviven son las que reciben estímulos y conectan con otras células.

Este proceso señala un aspecto esencial de la vida del cerebro: *las neuronas que se utilizan medran; las que no, no.*

En los primeros meses de vida y en la infancia, las neuronas están compitiendo constantemente. Hay áreas del cerebro dedicadas a tareas concretas como el habla o el sentido musical. El desarrollo de estas áreas depende de lo que se estimulen y de qué redes de neuronas sobreviven. Aunque podamos heredar ciertas habilidades, eso no es más que una parte de la historia. De la educación dependerá determinar qué aspectos de este potencial natural llegarán a desarrollarse. Nuestro entorno es quien controla los estímulos que entran en nuestro cerebro: qué neuronas se estimulan y cuáles no.

## UTILIZARLO

En el cerebro no hay prácticamente nada que esté en un lugar fijo. Aunque los neurocientíficos dibujen mapas de las zonas del cerebro que controlan diversas funciones —habla, capacidad espacial y demás—, estos mapas son sutilmente diferentes para cada persona. La competencia entre las neuronas significa que las fronteras están cambiando constantemente según los estímulos que reciban.

Por ejemplo, cuando hay partes del cuerpo que se usan con frecuencia, el área del cerebro dedicada a esa parte crece. Los escáneres de los cerebros de los violinistas demuestran que tienen un área mucho más grande dedicada al pulgar y a los dedos de la mano izquierda, la que se utiliza para coger el mástil del violín y tocar las cuerdas. Cuanto más joven se empieza, más amplia es la zona. Cuanto mayor es el estímulo de un área del cerebro, más grande y fuerte se vuelve.

Un secreto para poner a prueba la edad de tu cerebro es intentar hacer algo nuevo. No serás el único. Einstein tocaba el violín para despejarse y poder resolver sus problemas científicos. Winston Churchill pintaba paisajes para tener otro enfoque de la política.

---

## HECHOS SOBRE EL CEREBRO

## El efecto Mozart

En la década de 1990, el psicólogo estadounidense Frances Rauscher hizo el extraordinario descubrimiento de que escuchar la música de Mozart mejoraba las habilidades espaciales y el razonamiento matemático. El efecto estaba tan marcado que incluso pudo ser demostrado con ratas de laboratorio cuando recorrían sus laberintos. Rauscher pronto descubrió que una sonata de piano de Mozart activaba en sus ratas los genes implicados en las emisiones de señales nerviosas.

En otro estudio, niños que tomaban clases de música mejoraron notablemente sus puntuaciones de CI en comparación con los que recibían clases de teatro o de informática. Lo mismo podría aplicarse a los adultos.

---

## QUE SE CONVIERTA EN ALGO AUTOMÁTICO

Lo mejor de aprender es que cuanto más aprendes, más fácil te resulta. Al final, algunas habilidades se vuelven tan habituales que tu cerebro consciente ya no necesita pensar en ellas al hacerlas.

Por ejemplo, conducir un vehículo es una compleja tarea que requiere una gran cantidad de coordinación. Sin embargo, la mayoría de los conductores pueden hacerlo con bastante eficacia de una forma casi automática, guiados por su cerebro inconsciente, mientras que el consciente habla del tiempo o escucha los informes de tráfico.

Asimismo, cuando has aprendido a montar en bicicleta, a tocar el piano, nadar, conducir o cocinar una comida, esa habilidad la conservas toda la vida. Puede que quede un poco oxidada si no la usas durante algún tiempo, sin embargo, nunca desaparece. Todas estas complejas habilidades requieren muy poco esfuerzo por parte del cerebro. En otras palabras, para aprender bien algo se necesita menos esfuerzo, no más; hace que tu cerebro sea más eficiente.

## NEURONAS ESPEJO: TELEPATÍA NATURAL

En 1996, tres neurocientíficos que estaban estudiando los cerebros de los macacos descubrieron que las células cerebrales del área responsable de ciertos movimientos, además de activarse cuando los monos se movían, también lo hacían cuando veían a otro hacer el mismo movimiento. Esas neuronas parecían «reflejar» la conducta del otro animal. Desde entonces, los científicos han descubierto que muchos animales, incluidos los seres humanos, poseen «neuronas espejo».

Muchos científicos creen que estas neuronas nos permiten ponernos en el lugar de otra persona y comprender los sentimientos desde otro punto de vista. Los espectadores de un partido de fútbol se involucran mucho en el juego porque sus neuronas espejo imitan los movimientos de los jugadores, chutando la pelota y viéndola entrar en la portería. El público que va al teatro vive las emociones de los personajes que actúan sobre el escenario cuando sus neuronas espejo se activan por simpatía. El neurocientífico italiano Vittorio Gallese dice: «No sólo compartimos con los demás la forma en que actúan normalmente o que experimentan sus emociones de forma subjetiva, sino también los circuitos neuronales que permiten esas acciones, emociones y sensaciones; los sistemas de neuronas espejo».

Ahora, los científicos empiezan a pensar que las neuronas espejo están muy implicadas en la forma en que aprendemos del mundo. Recopilamos toda una gama de información de nuestro entorno y luego la procesamos en el cerebro para formar una imagen que nos permita interactuar con los demás con eficacia.

Aunque las investigaciones están comenzando en este campo, parece probable que una de las mejores formas de aprender nuevas habilidades y de potenciar nuestro rendimiento mental sea sacando el máximo partido de las neuronas espejo. Cuando intentas aprender algo nuevo, por ejemplo, observas detenidamente a un experto en acción. Miras atentamente cada movimiento e intentas imaginarte cómo lo harías tú. ¿Cómo te sentirías? Repetirlos una y otra vez, refinarlos hasta que estás seguro de que ya lo tienes, puede ayudarte a hacer grandes avances en la práctica física.

Existen muchas otras formas en que puedes desarrollar las neuronas espejo además de aprender habilidades nuevas. Siempre que puedas, concéntrate en imaginarte lo que siente otra persona. Ponte en su piel. Piensa en cómo se siente y por qué se comporta de ese modo. Esto te ayuda a desarrollar simpatía y comprensión hacia los demás, también te ayuda a desarrollar tu propio cerebro.

## EFICIENCIA Y SABIDURÍA

**El conocimiento llega, pero la sabiduría se queda.**

*Alfred, Lord Tennyson*

Otra forma de contemplar esto podría ser bajo el prisma de la sabiduría. Podríamos decir que la sabiduría es la capacidad de captar la esencia de las situaciones complejas y actuar correspondientemente. Es normal que se la relacione con la edad madura. Esta habilidad para distinguir las cosas importantes sólo puede llegar a través de un largo proceso de tanteo, de errores y de éxitos (véase página 186). Al mismo tiempo, cuando llegamos a una edad madura hemos estado expuestos a innumerables situaciones, y cada una de ellas ha proporcionado un estímulo a nuestro cerebro. Hemos aprendido de los éxitos y de los fracasos.

Asimismo, los estudios más recientes han demostrado que cuanto más envejecemos, más estables somos emocionalmente. Nuestro cerebro ya no es tan vulnerable a las neurosis y a las emociones negativas, ayudándonos a ver las cosas con claridad. Por supuesto, las personas mayores te lo podían haber dicho hace mucho. No obstante, ahora cada vez existen más pruebas científicas que respaldan esta idea.

Los científicos también se están empezando a dar cuenta de que con un entrenamiento correcto del cerebro puedes aumentar tu CI. El CI está íntimamente relacionado con tu memoria operativa, la cantidad de datos actuales que puedes almacenar en tu cabeza en un momento dado. Torkel Klingberg, del Karolinska Institute de Suecia, es un neurocientífico del conocimiento que investiga el desarrollo y la plasticidad del cerebro durante la infancia, concretamente el de la atención y de la memoria operativa. Con la ayuda de un programa de entrenamiento especialmente diseñado, ha demostrado que los sistemas neuronales utilizados en la memoria operativa pueden aumentar como respuesta al entrenamiento. Los niños que completaron este entrenamiento obtuvieron mejores resultados en las pruebas que formaban parte del experimento, *y además* descubrieron que sus puntuaciones en las pruebas de CI mejoraban en un 8 por ciento.

Esto implica que con el entrenamiento correcto, puedes ser más inteligente. Esta idea ya es atractiva en sí misma, y además puede ayudar a poner a prueba tu cerebro. Este es el objetivo del programa de entrenamiento de este libro.

---

## HECHOS SOBRE EL CEREBRO

### Conviértete en un experto

Algunas personas nos dejan atónitos con sus habilidades para hacer algo: un campeón de memoria que es capaz de recordar una hilera larguísima de números, el pianista que puede leer a primera vista una complicada partitura mientras habla con sus alumnos de canto, el informático que es capaz de entrar en los programas del Ministerio de Defensa de la nación.

Con la ayuda de los escáneres modernos y de las técnicas de investigación, los científicos han empezado a estudiar los cerebros de estos sorprendentes expertos y han descubierto que no son diferentes de los del resto de las personas. De hecho, es más que probable que cualquiera de nosotros pueda convertirse en un experto en el campo que desee. Lo único que necesitamos es la motivación para aprender esa habilidad. Eso implica dedicar tiempo y esfuerzo, claro está. La práctica introduce cada vez más información en tu memoria automática  (la memoria que no ocupa espacio en la memoria operativa y que te permite hacer las cosas sin pensar en ellas). Con la práctica, se calcula que se tardan unos diez años en convertirse en lo que la mayor parte de las personas reconocen como experto, y las recompensas son grandes.

## PRUEBA LA EDAD DE TU CEREBRO

Tu cerebro es sorprendente y puede seguir siéndolo. Tal como hemos visto, ahora la ciencia nos confirma lo que muchas personas han estado diciendo durante algún tiempo: que la función del cerebro no tiene por qué deteriorarse con la edad. Si lo utilizas correctamente y sigues poniéndolo a prueba, puedes desarrollar su extraordinario potencial a cualquier edad. Este libro te enseña cómo. Sus consejos y sus técnicas te ayudarán a sacar el mejor partido de tu cerebro a partir de hoy mismo y a seguir desarrollándolo en el futuro. Con este programa de entrenamiento básico, lo aprovecharás al máximo, incluida su increíble memoria. Veamos cómo funciona tu memoria y cómo puedes mejorarla.

# 2

## Tu memoria no tiene límites

*El verdadero arte de la memoria es el arte de la atención.*
SAMUEL JOHNSON

Para la mayoría de nosotros, uno de los grandes temores es perder la memoria al envejecer. De hecho, la pérdida de memoria se ha asociado tanto a la «vejez» que la imagen de la abuela en uno de sus «momentos brillantes» es uno de los lugares comunes más típicos de las comedias televisivas. Sin embargo, la memoria no tiene límites, sea cual sea tu edad. A muchas personas mayores les puede costar algo más recordar las cosas; no obstante, cuando vuelve el recuerdo, es tan lúcido como lo sería a cualquier edad.

En lugar de esperar que haya cada vez más episodios de olvidos a medida que envejezcamos, deberíamos recordar lo que podemos conseguir. Hay muchos ejemplos de longevidad mental. Las mejores obras de Miguel Ángel datan de cuando estaba en los sesenta, y cuando murió a los 89, todavía estaba creando obras maestras. Goethe completó su famoso *Fausto* a los 82, justo nueve meses antes de morir. Ya en tiempos más recientes, Vera Stravinsky fue una pintora profesional cuya filosofía personal era

«Trabajas en esta vida». Pintó todos los días, hasta el mismo día de su muerte a los 97 años, y estuvo totalmente lúcida hasta el final. El doctor Paul Sherwood es un médico que tiene una consulta en Harley Street, Londres, y tiene 90 años. Sigue ejerciendo cinco días a la semana, pues cree firmemente que para estar vivo has de estar activo.

Mi propia madre, Jean Buzan, tiene 90 años, y es otro magnífico ejemplo de lo que puedes conseguir si permaneces activo y tienes cosas que te interesan en la vida. Está convencida de que si crees en ti y sigues estimulando tu cerebro, «¡no te haces mayor, sino mejor!».

Esto, sin duda alguna, puede ser una realidad para tu memoria, y las técnicas sugeridas en el capítulo siguiente te enseñan lo que puedes hacer para mejorar tu capacidad de recordar a cualquier edad. Empecemos preguntando...

## ¿QUÉ ES LA MEMORIA?

La memoria es muchas cosas diferentes. Es una recopilación del día que pasaste en la playa bajo la lluvia cuando eras niño. Es tu capacidad para escribir una carta sin pensar cómo has de sostener el lápiz y hacer las letras. Es lo que te permite retener en la mente el comienzo de esta frase incluso cuando ya has llegado al final... De hecho, la memoria está presente en todo lo que aprendes o experimentas. Los recuerdos se hacen, almacenan y recuerdan en cada momento de tu vida.

Cuando recuerdas algo, el cerebro lo hace creando una nueva serie de senderos de conexiones nerviosas, denominadas «rastro de la memoria». Cuando olvidas, es porque se rompen las conexiones por falta de uso. La memoria es una compleja tarea con múltiples capas que alcanza a todas las zonas del cerebro. Algunos recuerdos están restringidos a algunas partes concretas; pero la mayoría están en redes que interactúan, o incluso repartidas por todo el cerebro. Hasta los que terminan en un lugar concreto, suelen vincularse con muchas áreas distintas.

En un principio, los psicólogos pensaban que descubrirían que cada recuerdo tiene una localización en el cerebro. Pensaban que con las herramientas adecuadas, algún día podrían identificar el grupo de neuronas, o incluso la neurona aislada donde se almacenaba un recuerdo. Aunque hay partes del cerebro asociadas a habilidades concretas, ahora sabemos que la asociación de la zona con dichas habilidades no es rígida en modo alguno. De hecho, es bastante probable que en su mayoría los recuerdos estimulen todo el cerebro.

Es más, gran parte de los recuerdos no son rígidos. Cada vez que usas un recuerdo, cambia ligeramente. Cuando sales a cenar, por ejemplo, tu corteza frontal, la parte lógica de tu cerebro, organiza los detalles físicos del acontecimiento en un tipo de recuerdo. La amígdala, el centro de las emociones, aportará sentido emocional a estos recuerdos. Si recuerdas haberte sentido muy bien esa noche, los recuerdos quedan adscritos a esos buenos sentimientos. A la semana siguiente, descubres que tu acompañante ha salido a cenar con otra persona. Ahora, cuando intentas recordar esa cena, tiene un contexto emocional muy distinto. El recuerdo está catalogado de otro modo y lo recuerdas de modo muy distinto. Las interconexiones implicadas en el rastro de la memoria han cambiado.

## CÓMO ALMACENA LOS RECUERDOS
## NUESTRO CEREBRO

Aunque las investigaciones todavía están en una fase temprana, algunos psicólogos piensan que hasta los recuerdos más simples son almacenados en grupos o redes neuronales en muchas partes diferentes del cerebro, en vez de estar en un solo lugar. Incluso se pueden almacenar en el sistema nervioso. Cuando recuerdas algo, los elementos vuelven a reunirse en lo que el neurólogo Antonio Damasio denomina «zonas de convergencia», localizadas cerca de la red de neuronas sensoriales que registraron el evento en primer lugar.

Cada vez hay más pruebas de que el hipocampo —en el centro del cerebro y en contacto con los dos hemisferios— envía recuerdos nuevos al cerebro y los reagrupa cuando los necesita. Curiosamente, cuando dormimos es cuando parece sacar el máximo provecho de su almacén de recuerdos. Del mismo modo que un ordenador hace automáticamente copias de seguridad durante la noche, el hipocampo parece ordenar los recuerdos del día para almacenarlos cuando duermes y sueñas, lo cual puede ser la razón por la que una buena noche de sueño es esencial para aprender.

En última instancia, son las neuronas las que almacenan los recuerdos, y lo hacen activándose y conectándose con otras neuronas. Cada recuerdo es un patrón de activación concreto de neuronas, no una sola neurona. Es una red. Tal como hemos visto, cada experiencia nueva refuerza unas conexiones y debilita otras. Cuando la experiencia ha concluido, estos cambios se desvanecerían rápidamente si no fuera por un fenómeno denominado potenciación a largo plazo, o PLP, donde se refuerzan los vínculos entre grupos concretos de redes. PLP significa que cuanto más se repite una experiencia, más fuertes se vuelven estas redes, fortaleciendo así la memoria.

## HECHOS SOBRE EL CEREBRO

### Piensa como un joven y sigue siendo joven

En China, las personas mayores todavía son respetadas por su sabiduría, y la «ancianidad» no tiene las connotaciones negativas que guarda en Occidente. Curiosamente, en un estudio realizado en la Universidad de Harvard, los investigadores compararon el rendimiento de la memoria de un grupo de personas de China con otro de Estados Unidos. No encontraron diferencia alguna en el rendimiento entre los jóvenes de cada grupo. Sin embargo, los ancianos norteamericanos fueron derrocados por los chinos, que tenían una actitud mucho más positiva respecto a envejecer. Asimismo, los estadounidenses que tenían una visión positiva sobre la edad rindieron más que los que la tenían negativa.

La lección está clara: si esperas que tu memoria se desvanezca y que tu poder mental entre en declive a medida que te vas haciendo mayor, tus expectativas se harán realidad. Si esperas entrar en la última fase de tu vida cargado de sabiduría con un poder mental más fuerte que nunca, es más que probable que así sea.

## Cómo crea el cerebro recuerdos duraderos

Los recuerdos son básicamente grupos de neuronas que se activan juntos siguiendo un mismo patrón. En el momento en que se reactiven las conexiones, se unen en recuerdos individuales mediante el PLP. Cuando, por ejemplo, la neurona 1 es activada, activará a su neurona vecina. Esto hace que los receptores de la neurona 2 salgan a la superficie cuando se establece la conexión entre ambas, lo cual las predispone a activarse en un futuro. La neurona 2 permanece en modo de espera durante días, y necesitará sólo una débil señal de la neurona 1 para activarse. Si llega esa señal, estará todavía más preparada, y el lazo entre ellas se hará tan fuerte que siempre se activarán juntas. Cuando lo hacen con mucha fuerza, su efecto combinado es tan poderoso que pueden despertar a otra célula vecina. Si sucede esto repetidas veces, esta tercera célula también será atraída al grupo, formando un recuerdo duradero.

# Tipos de memoria

## MEMORIA SENSORIAL

La forma más breve de memoria es la sensorial. Es la que recuerda brevemente el estímulo de todos tus sentidos. En un momento dado está entrando tanta información que la memoria sensorial la retiene el tiempo justo para que el cerebro la ordene, guarde lo que es útil y deseche lo que no necesita. Esto es lo que te permite seguir viendo, oyendo y sintiendo algo momentáneamente cuando ya ha cesado. Puedes escribir tu nombre en el aire con una bengala por la noche, por ejemplo, porque si eres lo bastante rápido, podrás ver la última letra mientras tus ojos todavía retienen el recuerdo de la primera. La memoria sensorial visual se denomina «memoria icónica» [de *icón*, imagen].

Si alguna vez has tenido la experiencia de pensar que no has oído algo, y luego recuerdas que sí, justo cuando estás a punto de pedir que te lo repitan, es la memoria sensorial sónica o «ecoica» [de *eco*, resonancia] la que te está ofreciendo el recuerdo.

## MEMORIA A CORTO Y LARGO PLAZO

Tu memoria puede trabajar a corto o a largo plazo. La memoria a corto plazo es la que almacena cosas durante unos segundos, minutos, o como mucho horas. La que utilizas cuando miras un número de teléfono en tu agenda y lo recuerdas el tiempo suficiente para marcarlo en el teléfono. Es esencial para funcionar cada día, y muchos psicólogos ahora prefieren llamarla «memoria operativa».

La memoria a corto plazo te permite recordar el principio de una frase mientras escuchas el resto. También actúa como filtro, guardando sólo información que parece importante y cerrándose a todos los demás datos que llegan continuamente a nuestros sentidos y que de no ser así nos desbordarían.

De algún modo, la memoria operativa se parece un poco a la memoria RAM de un ordenador. Aunque sólo contiene los datos necesarios para realizar las tareas, éstos se desvanecen en cuanto lo apagamos. Pues para este tipo de memoria, las neuronas se las arreglan bastante bien con las proteínas que ya tienen en las sinapsis. Sin embargo, para guardar recuerdos a largo plazo, las neuronas han de crear proteínas nuevas. Las investigaciones más recientes indican que la creación de estas proteínas se desencadena por una proteína llamada CREB. Esta proteína tan especial también parece estar implicada en una serie de cambios a largo plazo en el funcionamiento del cerebro, como los ajustes del reloj corporal después de un viaje intercontinental.

## MEMORIA EXPLÍCITA E IMPLÍCITA

Cuando se ha guardado un recuerdo en la memoria a largo plazo, no es necesario que lo recuerdes conscientemente. Algunos recuerdos son «explícitos», lo que significa que puedes acceder a ellos, ¡o al menos intentarlo! Éstos incluyen conocimiento factual de nombres, lugares y fechas. Estos recuerdos dependen de un intercambio entre el hipocampo y la parte frontal del cerebro: el lóbulo temporal. Este tipo de recuerdos se forman muy rápidamente, se recuerdan enseguida o se olvidan; como si se tratase del gigantesco archivo *online* de una biblioteca, que puede sufrir muchas variaciones.

Sin embargo, algunos recuerdos se aposentan lentamente para convertirse en parte de la programación del cerebro. Son los recuerdos «implícitos» que ejercen su influencia sin que seas consciente de ello. Todas las habilidades y talentos que puedes aprender a lo largo de tu vida son de este tipo: caminar, hablar, comer, coger una taza, dar una patada a una pelota y muchas cosas más. Estos recuerdos de procedimientos, o «memoria de procedimiento», como los llaman los psicólogos, requieren tiempo. Has de practicarlos una y otra vez hasta que se establecen. Cuando ya los tienes, rara vez vuelves a pensar en ellos.

## MAESTROS DE LA MEMORIA

A lo largo de la historia han existido grandes memorizadores cuyas hazañas son sorprendentes. El antiguo griego Temístocles sabía los nombres de 20.000 ciudadanos de Atenas. No obstante, se quedaba atrás respecto a Séneca, que se decía que conocía los nombres de *todos* los ciudadanos de la antigua Roma.

En el siglo XVII, al famoso erudito y bibliófilo Antonio Magliabechi le encargaron el cuidado de 40.000 volúmenes de la biblioteca del Gran Duque de la Toscana, en Florencia. ¡Se dice que memorizó todas y cada una de las palabras de cada uno de ellos! Su recuerdo de las palabras era tan prodigioso que cuentan que un escritor una vez decidió probarle dándole un manuscrito para leerlo muy deprisa. Al poco de que Magliabechi le devolviera el manuscrito, el escritor fingió haberlo perdido y le pidió que le ayudara a recordar todo lo que pudiera del mismo. Para su sorpresa, Magliabechi le escribió el libro entero sin dejarse una sola palabra o signo de puntuación.

Algunas personas utilizan memorias operativas fenomenales para hacer cálculos mentales increíbles. En el siglo XIX, Johann Zacharias multiplicó dos números de 20 dígitos mentalmente en tan sólo seis minutos. En 1980, una extraordinaria mujer de la India, Shakuntala Devi, se cree que multiplicó dos números de 13 dígitos en tan sólo 28 segundos. Prueba hacer esto sobre papel con un número con la mitad de dígitos y empezarás a darte cuenta de lo grande que es su hazaña:

$$745629 \times 456231$$

El no va más de los campeones de los deportes mentales en la actualidad es memorizar pi, 22 dividido por 7, con el máximo número de decimales posible. Cuando el indio Rajan Mahadevan hizo esto con 31.811 decimales en 1985, parecía que era un récord imbatible. Entonces, los japoneses se interesaron por el tema. En 1987, Hideaki Tomoyori trabajó el pi hasta conseguir 40.000 decimales. En 1995; Hiroyuke Goto consiguió 42.195. ¡Y en 2005, Akira Haraguchi según parece consiguió 83.431!

## MEMORIA EPISÓDICA

Los psicólogos a veces dividen las memorias conscientes y explícitas en episódicas y semánticas. Las memorias episódicas son los recuerdos multimedia. Son los recuerdos de episodios enteros de tu vida con todos sus aspectos: el día en que aprendiste a patinar, tu primer día de colegio, la salida del domingo por la noche, con imágenes, sonidos, olores, conversaciones, todo completo. Con frecuencia puedes recordar todos los aspectos del episodio como si los estuvieras viviendo. Ese tipo de recuerdos parecen tener conexiones con todo el cerebro.

La mayor parte de los recuerdos episódicos se desvanecen con el tiempo y se necesita más esfuerzo para recordarlos con detalle. Con frecuencia el recuerdo cambia —tintado por todo tipo de influencias, incluidos el miedo y el estrés—, y recordamos las cosas de un modo muy diferente en distintas épocas de nuestra vida. Las experiencias más intensas quedan grabadas de forma casi indeleble, mientras que las cotidianas pronto se desvanecen.

## MEMORIA FLASH

Hay episodios especialmente poderosos que parecen iluminar todo el cerebro como si fuera un flash. Hacen que las neuronas se activen de un modo tan intenso que incluso se recuerdan los pequeños detalles. La mayor parte de estos «recuerdos flash» son personales, de momentos emotivos, como el primer día de escuela o tu primer beso. Algunos son comunes, como cuando un equipo o una nación gana en una competición deportiva.

## MEMORIA SEMÁNTICA

La memoria semántica son nuestros recuerdos de trozos de información individual: hechos, opiniones y objetos. Saber que París es la capital de Francia es un recuerdo semántico. Tu viaje de día a París es un recuerdo episódico. Sin embargo, puede que recuerdes que París es la capital de los franceses *debido* a tu viaje a dicha ciudad. Los recuerdos episódicos y semánticos pueden estar entrelazados.

Curiosamente, en un estudio reciente de unos niños londinenses que padecían amnesia a largo plazo debido a una lesión en el hipocampo, revelaron una sorprendente diferencia. El neuropsicólogo Faraneh Vargha-Khadem descubrió que, aunque la lesión en el hipocampo los privaba de los recuerdos episódicos, su memoria semántica estaba intacta. Aunque podían leer y escribir bien y tuvieran una buena cabeza para los hechos y cifras como cualquiera de sus compañeros de clase, no podían recordar un programa de televisión que acababan de ver.

Parece ser, entonces, que el papel del hipocampo es afirmar las conexiones entre el rastro de los recuerdos que han quedado en diferentes partes del cerebro. Esta es la razón por la que la vulnerabilidad del hipocampo puede ser crucial cuando nos hacemos mayores.

## La flexibilidad de la memoria

El almacén de memoria del cerebro ha demostrado ser mucho más flexible de lo que nadie había imaginado. John Ratey cita el ejemplo de una brillante joven violinista estadounidense llamada Martha Curtis. Martha empezó a padecer unos ataques de epilepsia tan fuertes que los médicos decidieron que tenían que extirparle una parte del cerebro. El problema era que se trataba de la que se identificaba con el talento musical. Al principio los cirujanos extirparon un poco, por temor a que Martha perdiera su don musical. Al final, tuvieron que extirparle toda la zona para frenar sus ataques. Curiosamente, aunque la cirugía fue eficaz para detener sus ataques epilépticos, no tuvo repercusión alguna en su talento musical, y siguió tocando tan bien como siempre. Resultó que, cuando aprendió a tocar el violín de pequeña, su cerebro simplemente se había reestructurado y había enviado recuerdos de su habilidad a otra región que no estuviera dañada.

La flexibilidad es sólo un ejemplo del sorprendente poder del cerebro. El próximo capítulo se adentra en cómo podemos conectar con él y utilizarlo para mejorar nuestra memoria, ¡sea cual sea nuestra edad!

# 3

# Técnicas de memoria rápidas

*El dominio de algún sencillo sistema mnemotécnico puede conducir a algunas personas a darse cuenta, por primera vez, de que pueden controlar y modificar sus propios procesos mentales.*

HANS EYSENCK

¿Cómo calificarías tu memoria? ¿Crees que podría ser mejor? ¿Cuánto crees que puede mejorar? Algunas personas pueden conseguir hechos sorprendentes con la memoria. Hay una famosa historia sobre Mozart cuando visitó Roma en 1770; tenía 14 años y escuchó el *Miserere* de Allegri en la capilla Sixtina. Esa hermosa pieza de media hora de duración era considerada tan especial que el Vaticano había prohibido su publicación. Después del concierto, Mozart escribió toda la pieza de memoria. Más recientemente, los campeones de memoria han establecido récords que a las personas normales casi les parecen milagros. Por ejemplo, ¿puedes imaginar memorizar el orden de una baraja de cartas? Dominic O'Brien puede hacerlo en tan sólo 32,9 segundos. En 2003, cuando tenía 44 años, memorizó el orden de 18 barajas de cartas —936 cartas— en tan sólo 60 minutos.

Estas hazañas parecen tan sorprendentes que es fácil suponer que las personas que las realizan han de tener un cerebro especial o ser increíblemente inteligentes. En 2002, los científicos decidieron ponerlos a prueba y realizaron una serie de pruebas a los grandes memorizadores que asistían al Campeonato Mundial de Memoria que se celebra anualmente. Las pruebas fueron exhaustivas, y revelaron que la memoria de los campeones no era distinta de la de las demás personas. Además, no lo hicieron mejor en las pruebas de inteligencia que las personas «normales». Pero lo que sí descubrieron los investigadores fue que nueve de cada diez campeones simplemente utilizaban una técnica que se remonta a los tiempos de la Grecia clásica, denominada Método de los *Loci* [los lugares, en latín], que se basa en la localización y en la imaginación (véase pág. 82).

Es más, otras pruebas que se les realizaron han demostrado que sólo son muy buenos en las tareas en las que pueden aplicar técnicas similares; en las otras no son mejores que los demás. Una buena memoria no es más que una habilidad, y una habilidad se puede aprender; a cualquier edad.

Por buena que sea tu memoria en estos momentos y cualquiera que sea tu edad, puedes mejorarla significativamente utilizando las técnicas que se indican en este capítulo. Estas poderosas estrategias para el éxito que se adquieren con facilidad potenciarán tu agilidad mental de manera casi inmediata, puesto que trabajan con tu cerebro, no en su contra. El plan de 7 días para poner a punto la mente que presento en el capítulo siguiente te ayudará a practicarlas hasta que las hagas de manera automática. Para empezar, dedica un tiempo a conocer las diversas técnicas de este capítulo y a descubrir cuál es la que te funciona mejor. ¡Te sorprenderás!

# Cómo mejorar tu memoria

Lo que muchas de estas técnicas tienen en común es que actúan vinculando el objeto que se quiere recordar con alguna otra idea. El cerebro recuerda mejor las cosas si tienen algún significado. Un acontecimiento o hecho que tenga un sentido especial para ti está codificado con mayor fuerza que otro que no tenga ninguno. Cuando un recuerdo tiene algún sentido, el cerebro le pone una etiqueta y le resulta más fácil recordarlo.

Cuando no significa nada especial, consigues una capacidad de recuerdo similar cuando lo ves dentro de un contexto o lo relacionas con una idea, lo que te proporcionará una etiqueta o un gancho para la memoria. Esta etiqueta es especialmente eficaz si es vivaz y sorprendente —y por ende, fácil de recordar— en sí misma. Esto parece evidente. Si imaginas tus recuerdos como si fueran una biblioteca, sin duda te será mucho más fácil encontrar un recuerdo en particular si tiene una etiqueta de color brillante que lo resalte.

Te sorprenderá descubrir cuánto puedes mejorar tu capacidad para recordar las cosas si usas esta combinación de asociación, vibración e imaginación. Cuando empieces a desarrollar tus habilidades para la memoria te darás cuenta de que obtienes un resultado inmediato. Cuanto más las uses, más bueno serás. Practica estos sencillos métodos y descubrirás que tan sólo en unas pocas semanas, alucinarás viendo lo bien que puedes recordarlo todo. Al final, las ideas se convertirán en tu segunda naturaleza, las aplicarás sin tan siquiera darte cuenta que las estás utilizando. Y como pasa con todas las habilidades, ¡irás mejorando con el tiempo!

## MAPAS MENTALES

La primera técnica que te voy a enseñar es la que te ayudará a recordar todo lo que quieras cuando lo desees, y a generar nuevas ideas, organizar tu vida y un montón de cosas más.

Los Mapas Mentales® son una estrategia de pensamiento y un sistema de tomar notas que inventé hace unos 30 años y que ahora utilizan millones de personas en todo el mundo. Los Mapas Mentales® los utilizan los gobiernos, los encargados de proyectos educativos, escuelas, corporaciones multinacionales y grandes industrias, y han ayudado a las personas a:

1. **encontrar grandes ideas;**
2. **entender bien temas complicados;**
3. **fijarse metas y conseguirlas;**
4. **motivarse y motivar a otros;**
5. **mejorar la memoria.**

Son la técnica para aprender más rápida y más sencilla, y pueden tener un efecto inmediato en tu memoria, creatividad y capacidad para concentrarte.

Esta idea brillantemente simple funciona porque refleja el funcionamiento de tu cerebro y coordina toda tu gama de habilidades de pensamiento. Cuando escribes ideas de forma convencional, las escribes en una lista, una detrás de otra. El cerebro no funciona así. Lanza señales en todas direcciones, estableciendo conexiones por todas partes. Los Mapas Mentales® sacan el máximo provecho de todo esto. Liberan la mente ayudándola a pensar de una forma divertida.

Has de empezar a dibujar una imagen sencilla del tema en el centro de la página y luego dejar que las ideas se expandan en todas direcciones como si fueran carreteras que salen del centro de una ciudad. Veamos un ejemplo: quieres planificarte la semana por adelantado. ¿Cómo lo haces?

1. Recopila todos los materiales que necesites: el tema, varios lápices de colores y una hoja de papel en blanco.
2. Ve girando la página hacia los lados para dejar que tus ideas se expandan en todas direcciones.
3. Escribe una imagen sencilla o símbolo para representar tu idea central: en este caso puedes dibujar un calendario.

4. En el caso de que lo que estés planificando sea la semana, empieza a pensar en todas las cosas que has de hacer. Puede que tengas una fiesta familiar o una clase de natación y una reunión de trabajo. Podrías organizar tus pensamientos según lo que vayas a hacer cada día.
5. Cuando pienses en cada uno de los temas importantes de los Mapas Mentales®, añade una rama principal a la imagen central, y escribe la palabra clave o dibuja una imagen sencilla en cada una. Aquí puedes añadir una rama principal por cada día de la semana. Cada palabra o imagen han de tener su propia rama.

6. Ahora prolonga tus ramas principales con ramas secundarias. Añade palabras sueltas o imágenes sencillas en cada rama secundaria. El lunes, por ejemplo, puede que tengas una reunión, así que tendrás que añadir detalles de la persona, del lugar y de la hora.

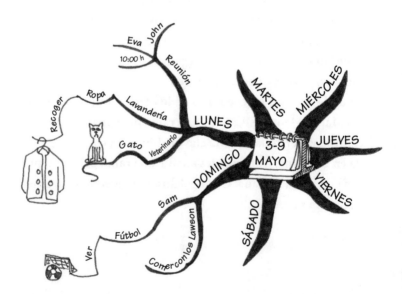

*Consejos para los Mapas Mentales®:*

1. Utiliza al menos tres lápices de colores para hacer que tu mapa sea vivaz y divertido.
2. Dibuja líneas curvas en lugar de rectas, porque a tu cerebro les parecen más interesantes.
3. Utiliza palabras e imágenes sueltas en cada punto.
4. Tómate la libertad de plasmar ideas en cualquier parte del mapa. No intentes hacerlo de una forma sistemática.
5. Hazlo rápida y libremente, sin detenerte a cuestionarte tus ideas cada vez. Disfruta con el proceso. Haz que sea un diluvio de ideas, no una mera llovizna.

A continuación tienes algunas de las formas en que puedes utilizar los Mapas Mentales®:

1. Controlar esa masa de notas cuando estés investigando un tema o preparando un informe.
2. Buscar la mejor forma de organizar una tarea compleja.
3. Preparar una charla o presentación.
4. Planificar un evento familiar como unas vacaciones o una boda.

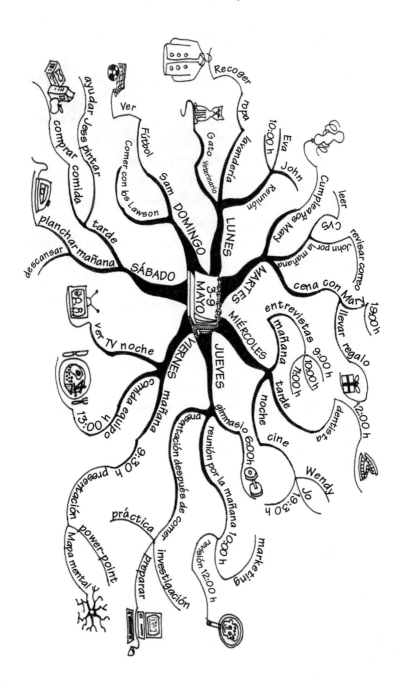

## MEJORA TU MEMORIA OPERATIVA

La memoria operativa es la que utilizas cuando quieres tener información a mano, la que está lista para trabajar con ella. No guarda tantos datos como la memoria a largo plazo, porque necesita tener espacio disponible para recibir la siguiente porción de información. A pesar de todo, su capacidad es amplia, pero puedes mejorarla en cualquier momento que desees con estas técnicas para ganar rapidez.

### Test de memoria

Para averiguar lo buena que es tu memoria, prueba este test. Lee una serie de letras, dedica un segundo para recordar cada una. Luego, cierra inmediatamente el libro y escribe las que recuerdes, en el orden correcto.

| | |
|---|---|
| QHCY | HWTSPBC |
| JLQP | CBZJUWGH |
| KHRPS | KHRWYCV |
| HGRFN | WBHKPTFCS |
| WDMXDR | PTYRWSGCH |
| MWQKPD | KRTLQBXPMZ |
| WDPSLBM | MNBGHQWPTC |

¿Cuál ha sido la línea más larga que has recordado correctamente? La puntuación media es entre 5 y 7; 9 o más es la superior. No quiero que te quedes en la media, quiero que seas brillante, *¡porque lo eres!* Prueba las siguientes técnicas y mejorarás espectacularmente tu rendimiento hasta tocar las nubes.

## FRAGMENTACIÓN

La forma más sencilla de potenciar tu memoria es fragmentar la información.

Lee rápidamente una vez este número de móvil imaginario, no tardes más de cinco segundos.

05964895427

Cierra el libro enseguida e intenta escribirlo. Lo más probable es que te cueste recordarlo correctamente.

Ahora prueba a repetir los números en grupos de tres mirando el número:

096 487 762 19

¿Cómo te ha ido esta vez? Seguro que bien.

Esta técnica, denominada «fragmentación», es muy eficaz. Se trata de agrupar información que quieres recordar en fragmentos más largos y más fáciles de memorizar. En esencia, agrupar cosas en pequeños grupos de tres es lo ideal.

No sólo puedes recordar números de este modo, sino prácticamente todo lo que necesites guardar en tu memoria operativa. Supongamos que estás hablando a un grupo y que te has de acordar de los nombres de todos los participantes tras escucharlos una sola vez:

| | |
|---|---|
| Gemma | Hanna |
| Janine | Andrew |
| Paul | Daniel |
| Kylie | Ben |

Rachel        Lucy

Tom           Susanna

¡Qué difícil!, puede que pienses. Intenta repetir los nombres en grupos de tres cuando cada persona vaya diciendo el suyo en voz alta y te resultará sorprendentemente fácil. También funciona con las cosas que tienes que hacer durante el día, los nombres de los ríos más largos del mundo, y prácticamente todas las cosas.

## PATRONES

Puedes desarrollar mucho más esta técnica si aprendes a buscar patrones, especialmente los que te sean familiares.

¿Qué patrones puedes ver en este número de móvil?

01019181945

¿Has visto los años en que terminaron las dos guerras mundiales, 1918 y 1945? Si has observado eso, no tendrás problemas en recordarlo. No te preocupes si no lo has visto, la cuestión es que crees tus propios patrones. Puede que veas el número del autobús que tomas para ir a trabajar o el del cumpleaños de tu mejor amigo.

Aunque los patrones no sean obvios de inmediato, siempre vale la pena buscarlos, especialmente los familiares. ¿Puedes recordar esta lista de la compra, por ejemplo?

beicon        tomates

café          pan

vino          queso

| | |
|---|---|
| pastel | té |
| huevos | aceitunas |
| mermelada | |

Incluso en fragmentos de tres, no es tan fácil. Piensa en el desayuno, en la hora de la merienda y en el rato de ocio, y te será más fácil:

| **Desayuno:** | **Merienda:** |
|---|---|
| beicon | té |
| huevos | pan |
| tomates | mermelada |
| café | pastel |

**Entretenimientos:**
aceitunas
queso
vino

## ESQUEMA

Buscar patrones funciona porque nuestros recuerdos están organizados en lo que los psicólogos denominan «esquema». Un esquema es un patrón familiar de relaciones almacenadas en tu memoria. De ese modo se forman recuerdos que están tan vinculados que se recuerdan más o menos en una sola unidad.

Es tan potente que no sólo influye en tu forma de recordar listas, sino que afecta a toda tu forma de pensar. En un experimento, los grandes maestros del ajedrez y otros maestros fueron sometidos a pruebas frente a los jugadores normales para ver con qué precisión podían recordar la posición de 20 a 25 piezas de ajedrez colocadas al azar sobre el tablero tras echarle un vistazo durante 5 a 10 segundos. Los maestros y los jugadores normales obtuvieron resultados bastante similares en cuanto a poder recordar los lugares de tan sólo 6 piezas. Sin embargo, si las piezas estaban organizadas en forma de jugada (desconocida para todos), los grandes maestros y los maestros podían recordar todas las posiciones, mientras que los jugadores corrientes seguían recordando sólo 6. Era evidente que esto no era sólo una hazaña de memoria, sino que se debía a la habilidad de los expertos para ver las posiciones como una fragmentación única o esquema.

Está claro que cuanto más desarrolles el esquema o los patrones, mejor recordarás las cosas. Y si puedes reducir estímulos complejos a fragmentos simples, te darás cuenta de que puedes pensar en ellos con mayor claridad y eficacia. Como regla general, si te das cuenta de que alguna vez te olvidas de algo, no es porque tu cerebro se esté deteriorando o estés perdiendo la memoria. Simplemente es porque no estás utilizando la técnica correcta que te ayuda a almacenar y extraer la información.

## TRUCOS PARA NÚMEROS

Si te cuesta recordar números, ¿por que no practicas esta técnica, creada, al igual que muchas otras cosas, por los antiguos griegos? Se trata de asociar cada número a una imagen que tenga una forma vagamente similar al número. Puedes elegir tu propia imagen. A continuación tienes algunas sugerencias:

0. Donut
1. Pincel

2. Cisne
3. Corazón

4. Velero

5. Gancho

6. Trompa de elefante

7. Bumerán

8. Muñeco de nieve

9. Bandera

10. Bate y bola

Para que queden firmemente grabados en tu mente, escribe los números con un pequeño esbozo de las imágenes al lado de cada uno.

Ahora, si quieres recordar el 1, imagínate a Leonardo da Vinci con su pincel con la mano levantada. Si quieres recordar el 2, piensa en un cisne. Cuando quieras recordar varios números, combina estas imágenes en un pequeño escenario; cuanto más absurdo e irreal, mejor.

Si siempre se te olvida tu número PIN, utiliza esta técnica y lo recordarás con facilidad. Si tu PIN es, por ejemplo, 4527, piensa en un velero capturado por el capitán Hook [gancho], que a su vez es perseguido por un cisne con un bumerán en el pico. ¡Esa imagen es tan memorable que sin duda la recordarás! Si sabes que el velero es el 4, el gancho es el 5, el cisne es el 2, y el bumerán es el 7, estarás totalmente seguro de que tu PIN es correcto.

Cuando hayas decidido con qué formas asociar los números, siempre debes ceñirte a ellas. Si las varías, puede que te confundas.

Para ayudarte con tus estratagemas para números:

- **Dibuja un Mapa Mental® para los números con cada una de las imágenes en su propia rama.**
- **Practica durante el día con todos los números que veas: los precios de los artículos en las tiendas o la fecha de hoy, por ejemplo.**

## TRUCOS CON RIMAS

También puedes elegir tu imagen para números utilizando rimas, por ejemplo:

0. Mero
1. Desayuno
2. Tos
3. Ciprés
4. Teatro
5. Brinco

6. Coméis
7. Guapete
8. Pinocho
9. Llueve
10. Pardiez

## UTILIZA TUS TRUCOS

Cuando tengas las imágenes de los números bien grabadas en tu cabeza, puedes usarlas para recordar todo tipo de cosas. Te sorprenderá ver lo eficaz que es.

Prueba este test de memoria primero para ver cómo te va sin los trucos. Dedica 1 minuto a revisar esta lista de la compra e intenta recordar cada artículo:

1. Bollos
2. Jabón
3. Sal
4. Avena
5. Mostaza

6. Mayonesa
7. Ajo
8. Manzanas
9. Vinagre
10. Huevos

Olvídate de ella durante 15 minutos. Luego intenta escribir la lista con los artículos en el orden correcto y revisa cómo te ha ido. La mayoría de las personas aciertan 7 como mucho, con frecuencia con 1 error o 2 en el orden. Ahora repítelo con otra lista. Esta vez, dedica 1 minuto a realizar asociaciones vívidas entre el objeto y el número de la imagen.

| | |
|---|---|
| 1. Pan | 6. Patatas |
| 2. Lejía | 7. Huevos |
| 3. Té | 8. Jabón |
| 4. Sal | 9. Bolsas de basura |
| 5. Leche | 10. Detergente |

Haz conexiones lo más vívidas y raras posibles. Con el pan, piensa en Leonardo da Vinci cortando una rebanada de pan con su pincel. Por absurdo que parezca, ¡no lo olvidarás en la vida! Con la lejía, piensa en blanquear a un cisne manchado de pintura. Con el té, ¡imagina tazas de té balanceándose sobre un corazón!

Olvídate de nuevo durante 15 minutos. Luego intenta volver a escribir la lista. Esta vez es muy probable que, sorprendentemente, recuerdes el 100 por cien: todos los artículos en el orden correcto. Es más, te darás cuenta de que sigues haciéndolo bien al día siguiente, o incluso al cabo de un mes.

## TRUCOS ALFABÉTICOS

Los trucos no sirven sólo para recordar números. Cualquier secuencia familiar funcionará del mismo modo, como el alfabeto. A continuación tienes un ejemplo de trucos alfabéticos. Busca palabras que comiencen con cada una de las letras del alfabeto.

| | |
|---|---|
| A. As | N. Enemigo |
| B. Beso | O. Oboe |
| C. Cebra | P. Pera |
| D. Dedo | Q. Cucaracha |
| E. Ébano | R. Eremita |
| F. Efebo | S. Esencia |
| G. Geranio | T. Té |
| H. Hacha | U. Uña |
| I. Idiota | V. Uvero |
| J. Jota | W. WC |
| K. Cacique | X. Equiseto |
| L. Elefante | Y. Y griega |
| M. Emergencia | Z. Cetáceo |

Para ayudarte a recordar los trucos alfabéticos:

- **Prueba de aprenderte las letras en grupos de a 4 (parecido a la fragmentación).**
- **Compón una pequeña melodía con ellas, de un modo similar a como aprendiste el abecedario de niño; sólo has de utilizar las palabras que correspondan a las letras, en lugar de las propias letras, por ejemplo, «As, Beso, Cebra...».**

Una vez que hayas memorizado las palabras truco, podrás poner en práctica el sistema.

Imagina que quieres memorizar la siguiente lista de palabras:

| | |
|---|---|
| A. Cometa | D. Hada |
| B. Libro | E. Tacón |
| C. Divertido | F. Guante |

| | | | |
|---|---|---|---|
| G. | Planta | Q. | Teléfono móvil |
| H. | Radiador | R. | Paraguas |
| I. | Perchero | S. | Espaguetis |
| J. | Jarrón | T. | Lápiz |
| K. | Despacho | U. | Uvas |
| L. | Chocolate | V. | Jefe |
| M. | Mesa | W. | Rosa |
| N. | Tomate | X. | Ventana |
| O. | Calculadora | Y. | Piedra |
| P. | Vaso | Z. | Abanico |

La recordarás fácilmente si asocias cada imagen a las palabras de tu alfabeto. La primera palabra de la lista es «cometa» y la primera letra del alfabeto es «A». Tu palabra para esta letra es «As», así que puedes imaginarte una enorme y brillante cometa en forma de as volando por el cielo. Cuanto más imaginativa y exagerada sea la imagen que crees en tu mente, más fácil te será recordarla. Intenta utilizar todos los sentidos posibles: ¿puedes imaginarte el sonido de la cometa en forma de as chocando contra el viento?

La tercera palabra de la lista es «divertido». Tu palabra truco para la «C» es «cebra», ahora te puedes imaginar a una cebra loca dando brincos y partiéndose de risa.

Revisa el resto de las palabras y observa cómo puedes asociarlas a tus trucos alfabéticos.

## RECORDAR NOMBRES Y CARAS

¿Te ha sucedido esto alguna vez? Encuentras a una persona a la que conociste ayer y con la que mantuviste una gran conversación. Te giras para presentársela a tu amigo, y te das cuenta con algo de bochorno de que te has olvidado de su nombre. Bueno, no eres el único. Sin embargo, hay varias formas en que puedes mejorar notablemente tu capacidad para ponerle nombre a un rostro.

En primer lugar, puedes facilitar la tarea asegurándote de que entiendes el nombre de la persona que te están presentando. Si no lo oyes bien, pide que te lo repitan. Luego lo repites tú para que se te quede grabado y lo utilizas en la conversación todo lo que puedas.

En segundo lugar, puedes crear imágenes mentales vívidas. En general, si no puedes recordar el nombre de alguien es porque no utilizas tu imaginación para ayudarte, o porque no estás haciendo una asociación lo bastante fuerte. Cuando escuchas el nombre, intenta realizar una asociación mental entre el rostro de la persona y su nombre. Si, por ejemplo, su apellido es Rubio y tiene el pelo rubio, la asociación es evidente. Si no hay una asociación evidente, tienes que crearla tú. No tiene por qué ser correcta, lógica o ni siquiera halagadora. Cuanto más absurda, y por lo tanto más fácil de recordar, mejor. Crea una imagen caricaturesca rápida de la persona, exagerando sus rasgos distintivos. Puede que tenga una nariz grande o las cejas oscuras. Entonces intenta encontrar una asociación entre el rasgo y el nombre. Si conoces a alguien con una gran nariz que se llame Mark Benz, visualiza el morro de un Mercedes Benz rosa. No importa que la nariz de la persona no sea realmente así. Simplemente, combina el rostro y el nombre en una imagen digna de recordar.

Con la práctica esto se convierte en un acto natural y lo puedes hacer en una fracción de segundo.

## VENCE EL DESPISTE ESTANDO PRESENTE

¿Cuántas veces te has pasado horas buscando algo que tenías en la mano hace un momento, o has ido de una habitación a otra sin saber lo que buscabas? A esto solemos llamarlo «despiste» y damos por hecho que es un problema de memoria. En realidad, estos lapsus nada tienen que ver con la memoria; suelen ser fallos de *atención*.

La solución es prestar más atención y estar «presentes». Al principio cuesta un poco más, te has de concentrar y planificar para recordar. Pronto te darás cuenta de que merece la pena y que se convierte en algo natural.

Primero, adquiere la costumbre de detenerte un momento para pensar. Cuando suene el teléfono, no sueltes el bolígrafo y corras para responder. Concédete una fracción de segundo para crear una imagen mental en la que puedas dejar el bolígrafo. Cuando llegues a casa y dejes las llaves, de nuevo dedica una fracción de segundo a crear una imagen mental, anotando dónde las dejas. Del mismo modo, cuando te vas de algún sitio, detente unos segundos a revisar que no te dejas nada.

La segunda estrategia clave es planificar. Muchas veces olvidamos cosas sencillamente porque no hemos planificado. Cuando intentas recordar todo lo que has de hacer y lo haces desde el caos, tu memoria operativa está intentando retener tantas cosas que se sobrecarga, y entonces, por supuesto, te olvidas algo. En realidad, se convierte en un círculo vicioso, pues el temor a olvidarte algo te hace presa del pánico, ¡lo cual reduce la eficacia de la memoria operativa! La planificación correcta reduce el número de cosas que has de retener en tu memoria operativa y libera tu mente para que pueda afrontar con calma el presente.

Algunos consejos para planificar son:

1. **Procura adelantarte a las cosas. Déjalo todo preparado para la mañana siguiente antes de acostarte.**
2. **Planifica. Levántate 15 minutos antes, por ejemplo, para preparar las tareas del día, o habla de ellas con tu pareja.**
3. **Piensa detenidamente en lo que vas a hacer antes de empezar.**
4. **Dedica un tiempo a escribir cosas en un diario de Mapas Mentales.**
5. **Escríbete recordatorios y colócalos en lugares donde siempre puedas verlos.**

## MNEMOTECNIA

Con el paso de los siglos, las personas han diseñado todo tipo de técnicas para recordar cosas. Una de las más eficaces es convertir algo en una historia o frase.

### Acrónimos

En los acrónimos utilizas la inicial de cada palabra que quieres recordar para crear una frase. Una vez, en un colegio se dijo a los niños que intentaran recordar el orden de los siete colores del arco iris —rojo, naranja, amarillo, verde, azul, índigo, violeta— con el acrónimo de la frase «Ricardo no aceptó ver al impío verdugo». Puedes crear tu propio acrónimo para cualquier cosa que desees recordar. Puede que no recuerdes todos los nombres de tus sobrinos, sobrinas o nietos. Si una de las familias que quieres recordar es la de Carmen y Héctor, y sus hijos Óscar, Teresa y Alicia, ¿por qué no los llamas los Chota? Si los hijos están en orden de edad tanto mejor; de lo contrario, haz un anagrama de sus iniciales. Si todos los nombres empiezan con consonantes, añade vocales para formar tu palabra.

## Rimas

Las rimas son otra mnemotecnia útil. En los tiempos en que las historias se transmitían oralmente, la gente usaba rimas para recordarlas, porque, al igual que los sonidos, se almacenan juntas en tu cerebro y se refuerzan entre ellas. Se utilizan rimas simples, como esta tan famosa para recordar cuántos días tienen los meses del año.

> Treinta días tiene noviembre,
> con abril, junio y septiembre,
> veintiocho sólo hay uno
> y los demás treinta y uno.

Si quieres recordar la historia de España desde los Reyes Católicos hasta nuestros días.

> Doña Isabel y Fernando
> un nuevo mundo hallarán.
> Tras la locura de Juana
> entre grandeza sin par,
> Carlos guerra en Europa,
> Felipe hace su Escorial...
> Y los otros dos Felipes
> la decadencia verán,

que llega al máximo en Carlos,
Hechizado e incapaz.
Otro Felipe (Borbón)
España quiere arreglar,
mas abdica, y su hijo Luis
de viruelas morirá...

Si lo deseas, también puedes crear tu propia lista de acontecimientos históricos que desees recordar con una poesía.

## UTILIZAR LO PRIMERO Y LO ÚLTIMO

Solemos recordar las cosas que oímos o vemos primero mejor que lo demás. Si hay algún momento que recuerdas vívidamente de una composición musical, es el inicio. ¿Cuántas personas recuerdan la primera línea de una novela, y ninguna otra? También recordamos mejor los acontecimientos recientes que los que han sucedido hace tiempo. Recordamos mejor lo que hicimos ayer que lo que hicimos anteayer, la semana pasada mejor que hace quince días. También recordamos las últimas cosas de una lista mejor que las primeras.

Resumiendo, recordamos lo primero y lo último mejor que lo que hay en medio. Esto vale la pena recordarlo cuando intentes aprender algo.

## LAS LEYES DE ARISTÓTELES

El brillante filósofo griego se dio cuenta del poder de la asociación para el aprendizaje hace 2.500 años. Descubrió que aprendemos cosas y construimos ideas complejas simplemente asociando dos o más observaciones sencillas. También identificó las leyes de la asociación:

1. Contigüidad
2. Similitud
3. Contraste

Por contigüidad, Aristóteles entendía las cosas que suceden en un tiempo cercano la una de la otra. Si Sarah llega al trabajo justo después que Paul, por ejemplo, ambos quedan asociados en tu mente.

Por similitud se refería al modo en que asociamos cosas que suenan o tienen un aspecto similar. Si dos personas entran en una oficina con cortes de pelo parecidos, haces una asociación.

Por contraste quería decir cómo se asocian los opuestos, como el día y la noche, blanco y negro, hombre y mujer, arriba y abajo.

## MÉTODO DE LOS *LOCI*

Sin duda la forma más poderosa y adaptable de desarrollar la memoria utilizando la asociación sea el método de los *loci* (lugares). Con él se generan fuertes asociaciones entre las cosas y se organizan de modo que se puedan recordar, así que el orden también se recuerda.

Este método lo describió por primera vez el poeta griego Simónides, que necesitaba técnicas de memoria muy eficaces para recitar grandes fragmentos de poesía épica. Cuenta la leyenda que tuvo la idea cuando fue invitado a un banquete en la casa del noble Scopias (que le debía mucho dinero) para recitar un poema en honor de su anfitrión. A los pocos momentos de haber terminado el poema y haber abandonado la estancia, se derrumbó el techo de la sala y mató a todos los que había dentro. Los cuerpos quedaron tan destrozados que era muy difícil reconocer la identidad de los cadáveres. Simónides identificó los cuerpos para los desconsolados familiares recordando los lugares (*loci*, en latín) que ocupaba cada uno.

El método de los *loci* saca el máximo provecho del hecho de que nuestra memoria espacial —la memoria de dónde están las cosas— suele ser mejor que ninguna otra, quizá porque nuestra memoria ha evolucionado para ayudarnos a encontrar el camino desde la vida primitiva hasta las tiendas de comestibles.

Para comprobar esto, intenta responder a estas preguntas:

- **¿Cuántas sillas tienes en casa?**
- **¿Cuántas veces has visto a tu mejor amigo durante el mes pasado?**
- **¿Qué ciudad está más lejos de Madrid: Roma o París?**

Es muy probable que para responder a estas preguntas, hayas intentado recordar tu propia ruta visual a través de los acontecimientos. El método de los *loci* se aprovecha de esta tendencia natural. Esta es la técnica que más utilizan los campeones de los concursos de memoria para conseguir hazañas aparentemente milagrosas.

Se trata de tomar una ruta que conozcas muy bien; luego, tu imaginación asocia los objetos que quiere recordar con los lugares que están en la ruta. Simónides advirtió que era mejor no usar lugares demasiado oscuros o brillantes, porque podrían eclipsar al objeto que deseas recordar.

Los lugares que puedes seleccionar pueden estar de camino al trabajo, por ejemplo:

1. El pasillo de tu casa
2. Tu puerta de entrada a casa
3. La acera de la calle al salir
4. La esquina de la calle
5. La tienda de comestibles
6. El kiosco de periódicos
7. La parada del autobús
8. El autobús
9. La parada en la que te bajas
10. El bloque de pisos

La ventaja de usar una vía como ésta es que puedes seleccionar tantos puntos como cosas quieres recordar.

Ahora asocia las cosas que quieres recordar con los lugares de tu ruta empleando la imagen más clara que puedas formar.

Pongamos que necesitas recordar lo que tienes que hacer para la boda de tu mejor amigo: escribir un *speech*, alquilar un sombrero de copa y un frac, comprar flores, pagar facturas, alquilar un coche e ir a buscar el anillo para el novio. Para escribir el *speech*, puedes imaginarte sentado en el suelo en medio de tu pasillo con una hoja grande en la mano, listo para dibujar un Mapa Mental. Para alquilar un sombrero de copa, puedes imaginarte quitándote el sombrero ante una hermosa dama. Para las flores, puedes imaginarte la acera de delante de tu casa convertida en una alfombra de flores.

Cuando tengas las imágenes, grábalas en tu memoria imaginándote que mientras te vas a trabajar, revisas las cosas que has de encargar y los sitios adonde has de ir por el camino.

¿Y qué hay del *speech* de la boda? ¿Qué te parecería hablar de un modo supuestamente improvisado, utilizando el método de los *loci* y la imaginación para recordar todos los puntos? (Otra forma sería utilizar un Mapa Mental (véase pág. 62). Un Mapa Mental no es más que una red de lugares, asociaciones e imágenes clave.)

## UN MAPA MENTAL PARA LA MEMORIA

Ahora que has aprendido varias técnicas rápidas para potenciar tu memoria, ¿por qué no las agrupas en un Mapa Mental? Esto te ayudará a recordarlas todas y te dará una rápida referencia visual que podrás usar cuando la necesites; también te servirá para afinar tu habilidad para hacer Mapas Mentales.

1. **Reúne todo el material que necesites, lápices o bolígrafos de colores y hojas de papel grandes.**
2. **Ve girando la página hacia un lado y deja que tus ideas se expandan en todas las direcciones.**
3. **Dibuja una imagen o símbolo sencillos para representar la idea central; en este caso puedes dibujar un cerebro para representar tu memoria.**
4. **Luego piensa en las diferentes técnicas que has aprendido.**
5. **Cuando revises cada una de ella, escribe una palabra clave o dibuja una imagen sencilla para ilustrarla —números para los trucos con números, por ejemplo, o una puerta de entrada para tu método de los *loci*—, y asócialas a tu idea central con una línea.**

Puedes usar este Mapa Mental para ayudarte a seleccionar tus técnicas a medida que avanzas en el plan de 7 días para poner a punto tu mente. ¡Esto es lo que viene a continuación y va a poner en forma a tu cerebro! ¿Estás listo? Para prepararte, revisa rápidamente las técnicas una vez más una a una. Una gran ventaja de todos estos métodos es que, cuanto más los usas, más fiable se vuelve tu memoria, con lo que mejora tu poder mental a la vez que vas haciendo progresos en tu vida.

¡Ahora prepárate para sacarle el jugo a tu plan de 7 días para poner a punto tu mente!

# 4

# El plan de 7 días para poner a punto tu mente

Cuando empieces a usar las técnicas de memoria básicas del capítulo 3, te darás cuenta de que es más fácil recordarlo todo. Esto es porque estas técnicas trabajan *con* tu cerebro y de la forma que a éste le gusta, no en su contra. Durante los 7 días siguientes tendrás que practicarlas hasta que se conviertan en algo natural. Estas técnicas mejorarán tu capacidad para recordar, y también obrarán sus milagros de otras formas: flexibilizarán tu poder cerebral y automáticamente trasladarán la buena forma de tu cerebro a un nuevo nivel. Tu cerebro se beneficia tanto como tu cuerpo de una buena tanda de ejercicios. Cuanto más lo pongas a prueba, más fomentarás que se establezcan nuevas conexiones y estimularás el flujo de sangre hacia él.

El plan de 7 días para poner a punto tu mente está diseñado para acomodarse sin problemas a tu vida cotidiana. Las sesiones duran sólo una hora, y para sacar el máximo provecho debes elegir una hora sin interrupciones. Si estás demasiado ocupado para hacer esto, puedes partir la sesión en dos sesiones de media hora (cada una convenientemente dividida en secciones de 15 minutos), o en cuatro de 15 minutos.

Evita la tentación de hacer trampa durante las sesiones. Con eso quiero decir, darte un poco más de tiempo en cada ejercicio, ojear las respuestas antes de hora o saltarte las reglas, ¡sí, aunque sólo sea un poquito! No son más que ejercicios cortos y tener autodisciplina vale la pena. En cada sección hay consejos para ayudarte a escoger las técnicas de memoria que sean más convenientes para ti. Sin embargo, puedes elegir cualquier técnica rápida del capítulo 3, puesto que no hay una forma correcta o incorrecta de hacer estas sesiones; se trata de lo que a ti te funciona.

## Lo que necesitas

Lo único que necesitas para cada sesión diaria es:

1. **Un lápiz o bolígrafo normal y corriente.**
2. **Cuatro o cinco bolígrafos o lápices de colores (para los Mapas Mentales).**
3. **Papel.**
4. **Un reloj o un cronómetro para parar al segundo (la mayor parte de los móviles tienen cronómetro).**
5. **¡Toda tu atención!**

# Pon a punto tu mente: DÍA 1
**Tiempo total:** 60 minutos

## PARTE 1
## SECCIÓN BÁSICA
**Tiempo:** 15 minutos (incluido el tiempo para revisar las respuestas)

### Tónico para la memoria
**Tiempo:** 60 segundos
**Objetivo:** memoria a corto plazo

*¿Cuál es la palabra?*
Estudia esta lista de palabras durante 60 segundos. Tapa el libro y observa cuántas puedes recordar:

1. Cosecha
2. Viga
3. Pollo
4. Absolución
5. Regalo
6. Generoso
7. Albaricoque
8. Nebulosa
9. Impresionante
10. Jaspe

**Consejos:** intenta usar los trucos a base de rimas o de imágenes (págs. 71-72) para recordar la lista de palabras. Por ejemplo, con la rima, la del número 1 está asociada a la palabra «desayuno». En este ejemplo, puedes imaginar un inmenso campo de trigo dorado en tiempos de recolección y que acaba transformándose en un delicioso bollo. ¡Escucha el sonido del campo de trigo, el olor del bollo recién hecho, saborea el delicioso y tierno manjar! Afina todos tus sentidos para grabar esta imagen en tu memoria.

## Construye tu memoria
**Tiempo:** 120 segundos
**Objetivo:** memoria a largo plazo

*Hijas de la memoria*
Las 9 musas eran diosas mitológicas de la antigua Grecia, que regían las artes y las ciencias y daban inspiración a los artistas. Eran hijas de Zeus y Mnemósine, la diosa de la memoria (de la que deriva la palabra mnemotécnica). La memoria era crucial, porque en los tiempos anteriores a los libros, los poetas llevaban sus libros y sabiduría en su cabeza.

Tienes 60 segundos para aprender sus nombres. Tapa el libro. Escribe los nombres de todas las musas.

Calíope: la musa de la poesía épica
Clío: la musa de la historia
Erato: la musa de la poesía amorosa
Euterpe: la musa de la música
Melpómene: la musa de la tragedia
Polimnia: la musa de la poesía sagrada
Terpsícore: la musa de la danza
Talía: la musa de la comedia
Urania: la musa de la astronomía

**Consejo:** prueba a formar un acrónimo usando las primeras letras de los nombres de las musas (véase página 75).

Revisa tus respuestas. Ahora tienes 60 segundos más para recordar los dones de cada una de ellas. Tapa el libro y escribe su nombre con su campo de inspiración.

**Consejo**: prueba alguna asociación descabellada entre las 9 musas y sus artes (véase página 76).

## El poder de las palabras
**Tiempo:** 60 segundos
**Objetivo:** lenguaje

*Saca la frase*
Piensa de forma radiante para descubrir la frase popular que se encierra en estas extrañas formas de expresarla. La primera viene resuelta.

He 𝄢 ⌂
Significa: He oído campanas. Ahora prueba las siguientes:

1. NPI
2. ☐ 💰 reembolso
3. Justo a ⏳
4. A ½ 🖐
5. Las ☹☺ moneda
6. Estoy 👍 ③

## Potenciador de la lógica
**Tiempo:** 30 segundos
**Objetivo:** lógica

*Lógica de edades*
Hace 15 años, yo tenía un tercio de la edad de mi madre, ahora tengo la mitad. ¿Qué edad tengo?

**Consejo:** utiliza el álgebra: que mi edad es X, y la de mi madre Y.

## Poder analítico

**Tiempo:** 30 segundos
**Objetivo:** lógica

*Encuentra la diferencia*
¿Cuál de estas palabras no sigue la misma lógica que el resto?

| | |
|---|---|
| Ama | Residir |
| Leal | Domad |
| Orinoco | Cómic |
| Roedor | Oso |
| Estrella | Salsas |
| Memorándum | |

**Consejo:** busca los patrones

## Pensamiento creativo

**Tiempo:** 180 segundos
**Objetivo:** lógica

*Calentamiento global*
Actualmente, la mayoría de los científicos están de acuerdo en que la contaminación atmosférica está provocando que el clima sea más cálido. Piensa en todas las estrategias que se te ocurran para frenar la crisis.

**Consejo:** haz un dibujo rápido de un Mapa Mental. Empieza con una imagen en el centro de la página (por ejemplo, un gran termómetro clavado en el planeta Tierra), y añádele cuatro o cinco ramas principales con ideas clave, como «causas», «efectos» y «soluciones», luego amplía cada una con ramas adicionales. Recuerda utilizar tus bolígrafos o lápices de colores porque ayudan a iluminar tu imaginación. (Véase página 62 para obtener ayuda para dibujar un Mapa Mental.)

## PARTE 2
## DESARROLLO DE HABILIDADES
**Tiempo:** 15 minutos

No hay mejor forma de establecer nuevas conexiones en tu cerebro que aprendiendo una nueva habilidad, especialmente musical (véase el efecto Mozart, pág. 41). Incrementará tu capacidad para pensar y razonar en el espacio y el tiempo. Te ayudará a que pensar te resulte agradable, lo que a su vez te recompensará con dopamina, ingrediente crucial para poner a prueba tu cerebro.

Probablemente, habrás observado que cuando empiezas a aprender una destreza nueva, como montar en bicicleta, jugar al billar, conducir un vehículo o tocar la guitarra, normalmente se requiere mucho esfuerzo mental. Esto se debe a que tu cerebro necesita formar sinapsis nuevas y diferentes, y agrupaciones neuronales para conseguirlo. Sin embargo, cuando dominas la rutina, el esfuerzo mental que has de hacer disminuye. Cuanto más practicas, más automático se vuelve hasta que las nuevas redes neuronales que has construido para aprender eso se liberan para hacer otras tareas. Esta es la razón por la que dominar nuevas habilidades es tan bueno para tu cerebro.

Tu siguiente tarea es practicar con carácter intensivo una habilidad durante 15 minutos, idealmente musical. El ejercicio que viene a continuación es un potenciador musical. Elige la habilidad que prefieras.

## Test musical

Intenta descubrir a qué famosas composiciones pertenecen estas melodías a raíz de esta breve secuencia de notas. Si tienes algún instrumento musical, toca sólo las dos primeras notas. El resto canturréalas para ti:

1. Do Mi Sol Sol-* Sol Sol Mi Mi
2. Sol Fa Fa- La Si Do sostenido  Re Mi Fa Mi Re Re
3. Re Re La La La Mi Fa Mi Re
4. Sol- La Sol Mi- Sol- La Sol Mi- Re´**- Re´ Si- Do´- Do´ Sol

**Consejo:** si no eres una persona con sentido musical y no puedes imaginar cómo suenan las notas, busca las respuestas en la página 333. Vuelve a la lista de notas y revísalas una a una, tarareando la melodía para ti. En lugar de cantar la letra, canta la nota que te doy, intentando escuchar su tono. Practica varias veces durante 15 minutos hasta que las oigas en tu mente.

## PARTE 3
## PRUEBAS PARA AMPLIAR LA CAPACIDAD DE TU CEREBRO
**Tiempo:** 15 minutos

Los cuestionarios de múltiples opciones son pruebas para tu memoria semántica. Son muy populares y divertidos, y constituyen una gran forma de ejercitar tu cerebro, especialmente cuando los

---

* El guión significa nota larga. *(Nota de la T.)*

** La comilla es para indicar que es la nota alta. *(Nota de la T.)*

haces contrarreloj. Esto se debe a que te obligan a buscar en tus bancos de memoria y a mejorar tu habilidad de recopilar información. Una de las mejores maneras de mantener en forma tu cerebro es contactar con algún grupo de tu zona que se dedique a este pasatiempo. Desde luego hay montones de libros y muchos buenos programas en la televisión. Entretanto, aquí tienes uno para irte entrenando. Tienes sólo 10 minutos para responder a todas las preguntas. Marca la respuesta correcta.

**Consejo:** si no sabes responder a alguna pregunta, no te pares. Pasa a la siguiente, y al final regresa a las que no has contestado. Tu cerebro trabajará inconscientemente en la pregunta mientras prestas atención a las otras, y puede que descubras que cuando vuelvas a la misma ya tienes la respuesta correcta.

1. **¿Qué famosa banda fue conocida en sus comienzos como Quarrymen?**

   ☐ Los Rolling Stone
   ☐ Los Beatles
   ☐ Los Animals
   ☐ Los Stone Roses

2. **¿Cuál es el río más largo de América?**

   ☐ Misisipí
   ☐ Orinoco
   ☐ Colorado
   ☐ Amazonas

**3. ¿Quién pintó la bóveda de la capilla Sixtina?**

☐ Leonardo
☐ Miguel Ángel
☐ Rafael
☐ Ticiano

**4. ¿Quién interpreta el papel de Harry Potter en las películas?**

☐ Leonardo di Caprio
☐ Orlando Bloom
☐ Rupert Grint
☐ Daniel Radcliffe

**5. ¿Cuál es la capital de Rumanía?**

☐ Belgrado
☐ Budapest
☐ Bucarest
☐ Sofía

**6. ¿En qué país se encuentra el templo de Angkor Wat?**

☐ Laos
☐ Vietnam
☐ Camboya
☐ Tailandia

7. **¿Cuál de estas partes del cuerpo todavía no ha sido trasplantada?**

- ☐ Hígado
- ☐ Mano
- ☐ Cara
- ☐ Pecho

8. **¿Qué ciudad fue conocida bajo el nombre de Bizancio?**

- ☐ Beirut
- ☐ Roma
- ☐ Alejandría
- ☐ Estambul

9. **¿Dónde se encuentra la Puerta de los Traidores?**

- ☐ Hermitage, de San Petersburgo
- ☐ La Bastilla, París
- ☐ La Torre de Londres
- ☐ Berlín

10. **¿Qué sufragista se lanzó bajo las patas del caballo del rey en 1913?**

- ☐ Emily Mortimer
- ☐ Emily Pankhurst
- ☐ Emily Davison
- ☐ Emily Robinson

**11. ¿En qué novela de Charles Dickens aparece Miss Havisham?**

☐ *Casa desolada*
☐ *Tiempos difíciles*
☐ *Grandes esperanzas*
☐ *David Copperfield*

**12. ¿Cuál es la partícula de radiación electromagnética?**

☐ Protón
☐ Fotón
☐ Electrón
☐ Neutrón

**13. ¿Quién escribió *Agnes Grey*?**

☐ Charlotte Brontë
☐ Anne Brontë
☐ Emily Brontë
☐ Branwell Brontë

**14. ¿Cuál de estos presidentes no fue asesinado?**

☐ Jackson
☐ Lincoln
☐ Garfield
☐ Kennedy

**15.  ¿A qué corresponden las siglas PDA?**

☐ Police Database Access [Acceso a la base de datos de la policía]

☐ Personal Digital Assistant [Agenda electrónica]

☐ Private Detective Agency [Empresa privada de detectives]

☐ Personal Development Aid [Ayuda para el desarrollo personal]

**16.  ¿Cuál es el nombre científico para el grupo de animales donde se encuentran los caracoles de tierra?**

☐ Artrópodos

☐ Gasterópodos

☐ Anfibios

☐ Moluscos

**17.  ¿En qué ciudad se encuentra el Jinete de Bronce?**

☐ San Petersburgo

☐ París

☐ Viena

☐ Madrid

**18.  ¿Quién escribió un diario sobre sus experiencias con los nazis en Amsterdam?**

☐ Lillian Hellman

☐ Anna Gardner

☐ Ingrid Bergman

☐ Anna Frank

**19. ¿Cuál es la mayor catarata del mundo?**

☐ Las cataratas Victoria
☐ Las cataratas del Niágara
☐ Las cataratas del Iguazú
☐ La catarata del Salto del Ángel

**20. ¿A qué corresponden normalmente las siglas RMI?**

☐ Resonancia Magnética por Imágenes
☐ Renta Mínima de Inclusión
☐ Red Mundial de Internautas
☐ Resultado de Múltiples Infecciones

**21. ¿Cuál de estos minerales es una mena de hierro?**

☐ Hematita
☐ Bauxita
☐ Carbonita
☐ Limonita

**22. ¿Qué nos muestran los mapas de isobaras?**

☐ Líneas de presión idéntica
☐ Líneas de temperatura idéntica
☐ Áreas de intensidad magnética idéntica
☐ Áreas de fuerza gravitatoria idéntica

**23.  ¿Cuál de estos satélites no es una luna de Júpiter?**

- ☐ Europa
- ☐ Ío
- ☐ Titán
- ☐ Calisto

**24.  ¿Qué ciudad fue destruida por un volcán en el año 79 d.C.?**

- ☐ Sidón
- ☐ Cartago
- ☐ Roma
- ☐ Pompeya

**25.  ¿Qué famoso escritor estuvo casado con Marilyn Monroe?**

- ☐ Arthur Miller
- ☐ Arthur Haley
- ☐ Scott Fitzgerald
- ☐ Tennessee Williams

**26.  ¿Cuál es la empresa alimentaria con mayores ventas en el mundo?**

- ☐ Carrefour
- ☐ Nestlé
- ☐ Wal-Mart
- ☐ Kraft

**27. ¿Cuál es el nombre del avión que dejó caer la bomba atómica sobre Hiroshima?**

- [ ] Fat Boy
- [ ] Fat Man
- [ ] Enola Gray
- [ ] Charlie Parker

**28. ¿Cuál es la montaña más alta de África?**

- [ ] Cotopaxi
- [ ] Monte Kenya
- [ ] Ruwenzori
- [ ] Kilimanjaro

**29. ¿A quién le dio Zinedine Zidane un cabezazo en la Final de los Mundiales de Fútbol en 2006?**

- [ ] Materazzi
- [ ] Maserati
- [ ] Del Piero
- [ ] Cannavaro

**30. ¿A qué famosa novelista interpretó Nicole Kidman en la película *Las horas*?**

- [ ] Katherine Mansfield
- [ ] Jane Austen
- [ ] Virginia Woolf
- [ ] Iris Murdoch

**31. ¿Quién fue el primer rey de Persia?**

- [ ] Alejandro Magno
- [ ] Ciro el Grande
- [ ] Darío el Grande
- [ ] Xerxes

**32. ¿Qué parte del cerebro tiene el nombre de un caballito de mar?**

- [ ] Corteza
- [ ] Cerebelo
- [ ] Cuerpo calloso
- [ ] Hipocampo

**33. ¿Cuál fue la era geológica en la que vivieron los dinosaurios?**

- [ ] Carbonífera
- [ ] Triásica
- [ ] Permiana
- [ ] Jurásica

**34. ¿Cuál de estos ríos no está en Rusia?**

- [ ] Ob
- [ ] Weser
- [ ] Lena
- [ ] Yenisei

**35. ¿Qué sustancia se utilizó para la primera operación con anestesia general?**

☐ Cloroformo
☐ Óxido nitroso
☐ Éter
☐ Alcohol

**36. ¿Cuál es la capital de Tayikistán?**

☐ Bishkek
☐ Ashgabat
☐ Dushanbe
☐ Akmola

**37. ¿Cuál de estas organizaciones tiene relación con el mundo de la ciencia?**

☐ UNICEF
☐ UNESCO
☐ UCLA
☐ UAEA

**38. ¿Quién obtuvo el gran éxito con la canción *Where is the Love*?**

☐ R. Kelly
☐ Usher
☐ Big Brovaz
☐ Black Eyes Peas

**39. ¿Cuál se cree que fue la última obra de Shakespeare?**

☐ *El cuento de invierno*
☐ *El rey Lear*
☐ *La tempestad*
☐ *Ricardo III*

**40. ¿Dónde se produjo el asesinato que desencadenó la Primera Guerra Mundial?**

☐ Sarajevo
☐ Budapest
☐ Sofía
☐ Moscú

**41. ¿Qué es lo que se mide con el desplazamiento hacia el rojo?**

☐ La velocidad de rotación de un átomo
☐ La radiación del calor
☐ La luminosidad de una estrella
☐ El movimiento de una galaxia

**42. ¿Qué famoso científico francés fue guillotinado?**

☐ Pasteur
☐ Ampère
☐ Lavoisier
☐ Fresnel

**43. ¿De qué color es la luz visible de la longitud de onda más corta?**

☐ Rojo
☐ Índigo
☐ Violeta
☐ Azul

**44. ¿Cuál es la cosa más grande que ha vivido?**

☐ Balaenoptera musculus
☐ Sequoiadendron giganteum
☐ Argentinosaurus huinculensis
☐ Tyrannosaurus rex

**45. ¿Dónde se encuentra el Mar de la Fertilidad?**

☐ En el sistema reproductor de la mujer
☐ En un baño romano
☐ En Australia
☐ En la Luna

## PARTE IV
## COJÍN MENTAL: RELAJACIÓN

**Tiempo:** 15 minutos

El capítulo 7 examina detenidamente todos los beneficios de relajarse y crear un espacio mental regular cada día. No me cansaré de repetir la importancia de dedicar TODOS LOS DÍAS un tiempo a relajarse y a descansar, aunque sólo sea hacer unas cuantas respiraciones profundas durante unos minutos. Esto se debe a que relajar la mente es tan importante como ejercitarla. Al relajarse organiza la información que ha recibido para poder acceder fácilmente a ella cuando lo desee. Se parece a catalogar los libros de una inmensa biblioteca; si te limitas a dejarlos en una pila desordenada, te costará mucho encontrar lo que buscas. Dale la oportunidad de descansar, y le otorgarás la fuerza para concentrarse y trabajar a la perfección.

Parte de tu regeneración mental diaria es relajarte durante 15 minutos al final de cada sesión. Asegúrate de que vas a disponer de este tiempo, aunque tengas que esperar hasta última hora del día, puesto que es un elemento clave para mantener tu mente en estado óptimo.

1. **Busca un lugar tranquilo y cómodo donde no te moleste nadie. Estírate boca arriba con los brazos y las piernas estirados.**
2. **Concéntrate en respirar lenta y profundamente, inspirando por la boca y espirando por la nariz.**
3. **Concéntrate en un punto en el cielo raso o en la pared que tengas enfrente.**
4. **Empieza a contar hacia atrás del 10 al 1 muy lentamente.**
5. **Cierra los ojos y repasa mentalmente tu cuerpo de arriba abajo, desde la cabeza hasta los pies; a medida que lo vas recorriendo, di en silencio a cada una de sus partes que se relaje por completo.**
6. **Ahora imagina un lugar tranquilo y cómodo, como un hermoso jardín sumergido o un estanque de agua caliente en algún paraíso tropical.**
7. **Imagina que bajas diez peldaños para ir al jardín o al estanque, y los cuentas detenidamente a medida que bajas.**
8. **Cuando llegues al fondo, mira a tu alrededor e intenta imaginar las hermosas y relajantes sensaciones que sientes.**

9. Ahora imagínate haciendo todas las cosas de un modo relajado, con seguridad y tranquilidad. Procura visualizar hasta el más mínimo detalle.

10. Repite el paso anterior varias veces, y cada vez terminas diciéndote: «Siempre estoy tranquilo y seguro de mí mismo».

11. Por último, cuando hayas finalizado, cuenta lentamente del 10 al 1, recordándote que ya has de volver a la actividad.

12. Continúa estirado o sentado donde estás durante unos minutos más respirando lenta y profundamente. Abre los ojos y siéntete en paz y seguridad.

# Pon a punto tu mente: DÍA 2
**Tiempo total:** 60 minutos

## PARTE 1
## BASES PARA EL CEREBRO
**Tiempo:** 15 minutos (incluido el tiempo para revisar las respuestas).

### Tónico de la memoria
**Tiempo:** 60 segundos
**Objetivo:** memoria a corto plazo

*¿Cuál es la palabra?*
Estudia la lista de palabras. Tapa el libro y ve cuántas puedes recordar.

| | |
|---|---|
| Apetito | Módem |
| Esponsales | Omnipotente |
| Contrafuerte | Transpiración |
| Cereza | Conducto |
| Granja | Riff |
| Fibra óptica | Esbelto |
| Intervalo | Suculento |
| Invasión | Dulzor |
| Marquesina | Cascada |

**Consejo:** Procura asociarlas con los trucos alfabéticos (mira la página 74). Por ejemplo, la «C» de cebra con «cereza», puedes imaginarte una cebra comiendo cerezas de un cerezo y tiñéndosele los labios de rojo mientras dibuja una gran sonrisa de felicidad. Se trata de dejar volar tu imaginación; cuanto más divertidas sean tus imágenes, más fácil te será recordarlas.

## Construye tu memoria

**Tiempo:** 120 segundos

**Objetivo:** memoria a largo plazo

*Banco de datos*

Para evitar confusiones, muchos científicos e ingenieros de todo el mundo utilizan un sistema de medidas universal denominado SI (Sistema Internacional de Unidades). Hay siete unidades básicas de las cuales surgen todas las demás.

Tienes 60 segundos para aprendértelas. Tapa el libro. Escribe los nombres de todas las unidades.

metro: unidad de longitud

kilogramo: unidad de masa

segundo: unidad de tiempo

amperio: unidad de intensidad de corriente eléctrica

kelvin: unidad de temperatura

candela: unidad de intensidad luminosa

mol: unidad de sustancia

**Consejo:** Prueba un acrónimo (mira la página 79).

Revisa tus respuestas. Tienes 60 segundos para aprender qué es lo que miden cada una de las unidades de medida. Tapa el libro y escríbelas.

**Consejo:** Prueba un vínculo visual vívido (mira la página 76).

## El poder de las palabras
**Tiempo:** 60 segundos
**Objetivo:** lenguaje

*Escaleras de palabras*
Lewis Carroll, el autor de *Alicia en el país de las maravillas*, creó un puzzle en 1878. Se trata de cambiar la palabra que está al principio de la lista, cambiando una letra cada vez, hasta convertirla en otra completamente distinta, pero de tal modo que en cada cambio de letra también se debe formar otra palabra.

Ejemplo:
GATA
PATA                    PETO
PATO                    PELO

Ahora rellena los siguientes espacios:

RAZA                    _____
_____                TOPO
_____

LOCO                    _____
_____                PALA
_____

TAZA                    _____
_____                CEPO
_____

**Consejo:** Puede que tengas que usar letras nuevas que no estén en la palabra final.

## Potenciador de la lógica
**Tiempo:** 60 segundos
**Objetivo:** lógica

*Organizando asientos*
Seis amigos, Julia, Susan, Robin, Paul, George y David, van al teatro. Por desgracia, no se pueden sentar todos en la misma fila. Tienen que ocupar cuatro filas:

La pareja de Julia se sienta a su izquierda.
A Paul, Robin le tapa la vista.
La hermana de Robin se sienta al lado de David en el mismo número de asiento que Julia.
George está solo en la tercera fila.

¿Dónde se sientan todos?

**Cosejo:** Numera las cuatro filas empezando por la persona cuyo sitio está claramente especificado.

## Poder analítico
**Tiempo:** 4 minutos
**Objetivo**: lógica

*Tres casas, tres necesidades*
Hay tres casas que necesitan los servicios básicos, es decir, el agua, el gas y la electricidad. Cada una se ha de dar de alta de los tres servicios, lo que significa que las tres tendrán tres líneas y que cada

servicio a su vez tendrá tres líneas. El reto es conectarlas sin que las líneas crucen por las casas o se entrecrucen entre ellas. Los edificios tampoco pueden compartir los servicios. Dibuja las líneas que conectarán las tres casas con sus correspondientes servicios.

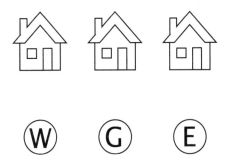

**Consejo:** Intenta resolverlo en tres dimensiones en lugar de hacerlo en dos.

## Pensamiento creativo
**Tiempo:** 180 segundos
**Objetivo:** lógica

*Múltiples usos*
Al principio del libro, en el Regenerador Mental de 7 minutos tenías que encontrar el mayor número posible de usos para una navaja. Esta vez intenta hacer lo mismo con botones de chocolate. De nuevo, tienes que pensar en las cosas más extravagantes que se te ocurran, ¡no son sólo para comérselos! Por ejemplo, puedes engarzar cientos de ellos en largas ristras y utilizarlos para marcar los carriles en una piscina de chocolate.

**Consejo:** Dibuja un rápido Mapa Mental para generar ideas, empezando con la imagen de un botón de chocolate en el centro.

## PARTE 2
## DESARROLLO DE HABILIDADES
**Tiempo:** 15 minutos

Al igual que en la primera sesión, tu siguiente tarea es practicar la habilidad que hayas escogido durante 15 minutos.

*Test musical*
Intenta identificar estas famosas melodías sólo con la secuencia de notas. Si tienes algún instrumento, toca sólo las dos primeras notas. Saca el resto de las notas tatareándolas.

1. Sol- Re Do- Si La Sol Fa Sol- Do- Si La Sol Fa Sol
2. Mi Do Mi- Re Do Re Mi Do La Mi
3. Mi Mi Mi Mi Fa Sol La Sol- Mi Fa Sol La La- Sol Do Sol Fa Mi

**Consejo:** Al igual que antes, si no puedes adivinar rápidamente la melodía, busca la respuesta en la página 328. Ahora intenta tatarear las notas una por una. No cantes las palabras, intenta escuchar su altura. Practícalo una y otra vez durante 15 minutos hasta que escuches claramente las notas en tu cabeza.

## PARTE 3
## SOÑAR DESPIERTO
**Tiempo:** 15 minutos

Soñar despierto es esencial para tonificar el cerebro puesto que permite que la imaginación se imponga y flexibilice sus músculos creativos. La imaginación desempeña un papel esencial para ayudarte a recordar lo que desees.

Dedica los siguientes 15 minutos a soñar despierto sobre lo que te gustaría vivir en los próximos 10 años. Piensa en todos los aspectos de lo que te gustaría experimentar, la gente con la que te gustaría estar, los lugares que te gustaría visitar, las nuevas habilidades que te gustaría practicar, los alimentos que te gustaría comer. Pon todos tus sentidos a trabajar —siente el sol en tu cara, si es que te gustaría vivir en un clima cálido y soleado—, y deja que tu cerebro se embarque en una aventura vívida.


## PARTE 4
## COJÍN MENTAL: RELAJACIÓN
**Tiempo:** 15 minutos

Busca un lugar cómodo donde nadie te moleste y relájate durante 15 minutos practicando la técnica que aprendiste ayer y que aparece en la página 107.

# Pon a punto tu mente: DÍA 3
**Tiempo total:** 60 minutos

## PARTE 1
## BASES PARA EL CEREBRO
**Tiempo:** 15 minutos (incluido el tiempo para revisar las respuestas).

### Tónico de la memoria
**Tiempo:** 120 segundos
**Objetivo:** memoria a corto plazo

*Series numéricas*
Tienes 60 segundos para recordar el máximo número de las secuencias numéricas de la lista que viene a continuación. Tapa el libro y escribe tus respuestas.

| | |
|---|---|
| 4567 | 36378492 |
| 3756 | 373839309 |
| 23564 | 767483827 |
| 58347 | 2756392011 |
| 365764 | 1293980930 |
| 253498 | 45363448411 |
| 3782745 | 28394836329 |
| 4625928 | 027236817281 |
| 29478456 | 126351546298 |

**Consejo:** Prueba fragmentando (página 68).

## Construye tu memoria

**Tiempo:** 120 segundos
**Objetivo:** memoria a largo plazo

*Banco de hechos*
Tienes 60 segundos para aprenderte, en orden, todos los presidentes de Estados Unidos desde la Segunda Guerra Mundial. Tapa el libro. Escribe todos los nombres.

| | |
|---|---|
| 1945-1953 | Harry S. Truman |
| 1953-1961 | Dwight D. Eisenhower |
| 1961-1963 | John F. Kennedy |
| 1963-1969 | Lyndon B. Johnson |
| 1969-1974 | Richard Nixon |
| 1974-1977 | Gerald Ford |
| 1977-1981 | Jimmy Carter |
| 1981-1989 | Ronald Reagan |
| 1989-1993 | George Bush sénior |
| 1993-2001 | Bill Clinton |
| 2001-2009 | George Bush júnior |
| 2009- | Barak H. Obama |

Revisa tus respuestas. Tienes 60 segundos para aprenderte las fechas de cada uno de sus mandatos. Tapa el libro. Escribe toda la lista de presidentes con las fechas. Revisa tus respuestas.

**Consejo:** Con tareas complejas como ésta, vale la pena buscar los patrones o «hitos» para que nos sirvan de marco para los recuerdos y aporten sentido. Los presidentes suelen gobernar durante 4 u 8 años. Aprende primero sólo las fechas del inicio del mandato de los presidentes que han estado en el poder durante

8 años (Truman, 45; Eisenhower, 53; Reagan, 81; Clinton, 93), luego las de los que han gobernado durante 4 años (Carter, 77; George Bush sénior, 89). Entre Eisenhower y Carter hubo cuatro presidentes que no completaron su mandato. Kennedy fue elegido presidente en 1961 y fue asesinado dos años después, para ser sustituido por Johnson durante 8 años, mientras que Nixon (presidente desde 1969) sirvió 5 años antes de ser relevado de su cargo por corrupción y ser sustituido por Ford durante los 3 años restantes de su período de 8 años.

## El poder de las palabras
**Tiempo:** 120 segundos
**Objetivo:** lenguaje

*Amor cruzado*
A continuación tienes citas (de 2 líneas cada una) de poemas de amor famosos. Tienes que ordenarlas y emparejarlas correctamente.

No es amor,
que florece en junio.
¿Cómo te amo?
Oh, mi amor es como una rosa roja
el que se altera cuando alteración halla.
que no haber amado jamás.
Más hermosura y suavidad posees,
Voy a contar las formas.
¿A un día de verano compararte?
de climas despejados y de cielos estrellados;
He extendido mis sueños bajo tus pies;

Camina bella como la noche,
Aun así es mejor haber amado y haber perdido
pisa con cuidado porque pisas mis sueños.


## Potenciador de la lógica
**Tiempo:** 120 segundos
**Objetivo:** lógica

*Comida para pensar*
Resuelve estos problemas de lógica:

Cuando Louise empezó su dieta pesaba 75 kilos. Quiere perder el 16 por ciento de su peso. ¿Cuánto quiere pesar?

A un granjero le cuesta 45 euros alimentar a 100 gallinas durante 9 días. ¿Cuánto le costará alimentar a 150 gallinas a la semana?

Trabajas en un centro de acogida para perros y te dan un gran saco de pienso de 12 kilos. Has de alimentar cada día a 6 perros con 1 ración durante los próximos 10 días. ¿De cuánto ha de ser la ración?

**Consejo:** Con las dos últimas preguntas, simplifica el problema buscando el consumo diario.

## Poder analítico

**Tiempo**: 120 segundos
**Objetivo:** lógica

*Código Morse*

El código Morse lo inventó el norteamericano Samuel Morse en la década de 1840 para enviar mensajes a través del telégrafo que había inventado en 1836. Tuvo la idea de que las señales eléctricas realizaran marcas sobre cintas de papel en un código de puntos y guiones. Actualmente, gracias a los grandes avances tecnológicos en el campo de las comunicaciones, el código Morse sólo se utiliza para emergencias y casos muy especiales, como en la radio de los barcos, los radioaficionados y unidades de control remoto.

El mensaje que viene a continuación es el primero que se envió. Utiliza el código para descifrarlo.

--.- ..- ./-. --- .../.... .-/- .-. .- .. -.. ---/-.. .. --- .../

Estas son las letras del alfabeto Morse.

| A .- | L .-.. | W .-- | Punto final .-.-.- |
|------|--------|-------|---------------------|
| B -... | M -- | X -..- | Coma --..-- |
| C -.-. | N -. | Y -.-- | Interrogante ..--.. |
| D -.. | O --- | Z --.. | Dos puntos ---... |
| E . | P .--. | | Guión -....- |
| F ..-. | Q --.- | | |
| G --. | R .-. | | |
| H .... | S ... | | |
| I .. | T - | | |
| J .--- | U ..- | | |
| K -.- | V ...- | | |

## Pensamiento creativo
**Tiempo:** 120 segundos
**Objetivo:** lógica

*Primera y última*
A continuación aparecen la primera y la última línea de una historia breve. Tienes que completarlas con una historia coherente. Tienes sólo 1 minuto para contarte la historia (o contársela a un amigo) en voz alta, terminando exactamente con la última línea. No te lo pienses mucho. Entra de lleno y deja correr la imaginación a medida que avanzas hacia su culminación.

«Érase una vez un pez mágico que nadaba felizmente por las verdes y cristalinas aguas del océano...

... Y el hombre juró que a partir de ahora siempre se acordaría de sembrar su maíz en el campo al pie de la colina.»

**Consejo:** Procura que la historia fluya. No intentes imaginarte toda la historia antes de decir cada frase. Simplemente suelta tu imaginación y que vaya donde quiera. Cuando vuelvas a leerla, puntúate por la originalidad y por lo bien que hayas utilizado tu imaginación y tus sentidos.

## PARTE 2
## DESARROLLO DE HABILIDADES
**Tiempo:** 15 minutos

Al igual que en la primera sesión, tu siguiente tarea es practicar tu habilidad elegida durante 15 minutos.

*Test musical*
Intenta adivinar a qué famosas melodías pertenecen estas secuencias de notas. Si tienes algún instrumento, toca sólo las dos primeras notas. Trata de sacar el resto tatareándolas.

1. Mi Mi Fa Sol Sol Fa Mi Re Do Do Re Mi Mi- Re Re-
2. Mi Mi Mi- Mi Mi Mi- Mi Sol Do Re Mi-
3. Sol Sol La Sol Do Si- Sol Sol La Sol Re Do-
4. ¿Cuáles son las dos notas siguientes de esta secuencia?: Sol Sol La Sol Do Si- Sol Sol La Sol Re Do- Sol Sol

**Consejo:** Repito, si no adivinas enseguida la melodía, busca la respuesta en la página 330 y luego revisa la lista de notas una a una, tatarea la melodía. No cantes las palabras, sino la nota, trata de escuchar su altura. Practica esto varias veces durante 15 minutos hasta que tengas claras las notas en tu cabeza.

## PARTE 3
## EJERCICIO DE MAPAS MENTALES
**Tiempo:** 15 minutos

Muchas personas consideran que envejecer es una experiencia negativa y la asocian con todo tipo de imágenes terribles como caminar con bastón, demencia senil, falta de independencia, pérdida del buen aspecto, aislamiento, aburrimiento ¡e incluso la muerte! Esto es muy triste puesto que hacerse mayor es una oportunidad para crecer y ser libre y es una experiencia positiva que se ha de disfrutar. Esta visión tan negativa de la vejez es muy reciente; pensemos en todas las palabras positivas que hay para los ancianos respetables en la sociedad, como gurú, oráculo, sensei, líder, matriarca, patriarca, maestro... Nos hemos olvidado de que la edad trae sabiduría, experiencia y contentamiento. De todas las cosas que podríamos olvidar, ésta es la más peligrosa: si anticipamos un futuro negativo, es muy probable que se haga realidad. Por el contrario, si esperas que tu vida sea cada vez mejor, es muy probable que así sea.

Tienes 15 minutos para dibujar un Mapa Mental (ve a la pág. 62) a fin de que te ayude a definir una experiencia totalmente positiva de cumplir años. Empieza tu Mapa Mental con una imagen central positiva, por ejemplo un enorme sol, o un retrato de una persona sonriente y activa (¡tú!). Etiqueta una de las ramas con «definición» y expándela con etiquetas nuevas positivas para lo que esperas experimentar, como «conocimiento», «líder» o «confianza». Cuando hayas explorado esta rama principal, añade otra a tu imagen central, esta vez relacionada con la dirección que quieres tomar en la vida, como «metas», y explora a fondo esta rama. Sigue añadiendo nuevas ramas y explorándolas con subramificaciones hasta que hayan pasado los 15 minutos.

## PARTE 4
## COJÍN MENTAL: RELAJACIÓN
**Tiempo: 15 minutos**

Busca un lugar cómodo donde no te moleste nadie y dedica 15 minutos a practicar la técnica de relajación de la página 107.

# Pon a punto tu mente - DÍA 4
**Tiempo total:** 60 minutos

## PARTE 1
## BASES PARA EL CEREBRO

**Tiempo:** 15 minutos (incluido el tiempo para revisar las respuestas).

### Tónico de la memoria y construcción de tu memoria
**Tiempo:** 180 segundos
**Objetivo:** memoria a corto y largo plazo

*Mentes de verdad*
Durante miles de años, la gente solía aprender poesía de memoria. Los bardos de la antigua Grecia e Irlanda y los trovadores de la Europa medieval sabían poemas de miles de líneas para entretener a su audiencia y narrar los cuentos de generación en generación. Vale la pena aprenderse poemas cortos, tanto por el gran ejercicio que supone para la memoria como por el mero placer de tener estas maravillosas palabras a tu disposición. Aprende las seis primeras líneas de este famoso soneto de William Shakespeare en esta sesión:

> Ante la unión de espíritus leales,
> no dejéis que ponga impedimentos.
> No es amor el que se altera cuando alteración halla,
> o tiende a separarse de aquel que se separa.
>
> ¡Ay no! Es un faro siempre fijo
> que contempla las tempestades y nunca lo alteran;

es la estrella para todo barco sin rumbo,
cuyo valor se desconoce aunque se pueda medir su altura.

El amor no se deja engañar por el tiempo,
    aunque los labios
y rosadas mejillas al alcance de su curvada guadaña lleguen;
el amor no se altera con sus breves horas y semanas,

sino que lo resiste incluso hasta el filo del juicio.
Si esto es error y me lo demuestran,
    nunca he escrito nada, ni amó jamás hombre alguno.

WILLIAM SHAKESPEARE

**Consejo:** El secreto es fragmentar las palabras en trozos o frases manejables. Luego:

1. Crea una imagen atrevida en tu cabeza para sumar cada fragmento. Por ejemplo, para la frase «Ante la unión de espíritus leales, no dejéis que ponga impedimentos», puedes pensar en dos cabezas que se dirigen hacia el altar para contraer matrimonio, luego el sacristán de la iglesia frenando un «impedimento», generalmente en la puerta.
2. Repite las palabras de cada fragmento en voz alta y rápidamente, visualízalas hasta que las digas automáticamente.

## Poder de las palabras

**Tiempo:** 4 minutos
**Objetivo:** lenguaje

*En otras palabras*

Es fácil salir del paso usando siempre las mismas palabras cada día; palabras que sólo transmiten parte de lo que realmente quieres decir. Por ejemplo, puedes describir el hotel en el que has pasado tus vacaciones como «bonito». Pero sería mucho más informativo para tus oyentes que lo describieras como «encantador», «precioso», «pulcro», «con carácter» o «alegre». Desarrollar tu habilidad para encontrar la palabra correcta es un gran ejercicio para tu cerebro y hará que tu conversación también sea más interesante. Vale la pena comprarse un diccionario sencillo de sinónimos o un tesaurus. Puedes practicar todos los días. Escoge dos palabras al azar, cierra el diccionario y a ver cuántos sinónimos se te ocurren, luego revisa tus respuestas. Si no dejas de practicar este ejercicio, tu vocabulario aumentará de manera indefinida.

A continuación tienes una lista de palabras para empezar. Tienes que encontrar el máximo número de palabras alternativas con un significado similar (sinónimos) en el tiempo límite. Apúntalas en un papel.

| | |
|---|---|
| abrupto | alarma |
| avance | grande |
| mortal | duro |
| bonito | apetitoso |
| mojado | brillante |
| pequeño | fesco |

**Consejo:** No pases más de 20 segundos en cada palabra.

## Potenciador de la lógica
**Tiempo:** 120 segundos
**Objetivo:** lógica

*Cruel Navidad*
Resuelve el misterio

Una nevada noche de diciembre, el inspector Courvoisier se apresura para llegar a su casa y pasa por delante del domicilio de Monsieur Hubert. Mientras se abrocha los botones del cuello de su chaqueta para protegerse de la nieve, se queja en voz baja de la falta de actividades delictivas del pueblo. De pronto, escucha el inconfundible sonido del disparo de un arma de fuego procedente de la casa de Hubert. Al momento Courvoisier pasa a la acción, como un galgo que sale de una trampa, y se precipita al camino pisando la nieve todavía virgen. En menos de un minuto llega a la puerta principal y encuentra a Monsieur Hubert dentro, de pie y en estado de *shock*.

—¡Oh, Dios mío! —mascula Hubert cuando Courvoisier le mira al pasar. En el suelo, al otro lado del suelo del vestíbulo, yace el cuerpo de Madame Hubert, una pistola humeante en su mano inerte y una gran mancha de sangre coagulada estampada contra la pared—. ¡No pude impedirlo! —gime Hubert—, Sencillamente, no he podido. Venía del pueblo, cuando la he visto con la pistola. ¡Estaba a punto de gritarle cuando apretó el gatillo! ¡Ha sido horrible, horrible!

—Entiendo —dice Courvoisier—. ¿Le importaría apartarse dos pasos a la izquierda?

Hubert, aturdido, hace lo que le pide. Courvoisier mira detenidamente el suelo impoluto y asiente con la cabeza.

—Tal como imaginaba... usted me ha mentido, Monsieur Hubert. El disparo que acabo de escuchar no es el que ha matado a su esposa. Queda detenido como sospechoso del asesinato de su esposa.

1. ¿Cómo sabe Courvoisier que Hubert estaba mintiendo? ¿Qué lo confirma?
2. ¿Cómo sabe Courvoisier que Madame Hubert no murió por el disparo que acaba de escuchar?
3. ¿Qué prueba está buscando Courvoisier cuando le pide a Hubert que dé dos pasos hacia la izquierda? ¿Qué es lo que prueba?

## Poder analítico
**Tiempo:** 60 segundos
**Objetivo:** lógica

*Código Morse*
Aquí tienes otro mensaje en Morse para que lo descifres (ve a la página 120 para el alfabeto):

-.. ./. ... - ---/. ... - .- -./.... . -.-. .... --- .../.-. --- .../.-. . -.-. ..- .
.-. -.. --- .../

## Pensamiento creativo
**Tiempo:** 60 segundos
**Objetivo:** lógica

*Primera y última*
A continuación tienes las primeras y últimas líneas de una historia breve. Al igual que hiciste en la sesión 3, has de completarla con una historia totalmente coherente. Tienes 1 minuto para contar la historia en voz alta; termina la última línea tal como está en el libro justo cuando agotes el tiempo. Esta vez, sin embargo,

tienes que grabar la historia (en un teléfono móvil, en una cámara de vídeo, ordenador, MP3, etc.). No te lo pienses demasiado. Entra de lleno y deja volar tu imaginación mientras avanzas hacia la parte culminante.

«Érase una vez una gran ciudad donde todos querían ser famosos...

... Y así, el ratón dijo: "¡Eh, Nonny!", y se escabulló por debajo del suelo de madera.»

**Consejo:** Recuerda que la historia ha de fluir. No intentes pensar en toda la historia antes de pasar a la siguiente frase. Simplemente, déjate llevar por la imaginación.

## PARTE 2
## DESARROLLO DE HABILIDADES
**Tiempo:** 15 minutos

Al igual que en sesiones anteriores, tu siguiente tarea es practicar la habilidad que hayas escogido durante 15 minutos.

## PARTE 3
## VENCE LOS BLOQUEOS DE MEMORIA

**Tiempo:** 15 minutos

Si hay algo que todos queremos evitar es no ser capaz de recordar algo cuando sabemos la respuesta, esa sensación de tener algo en la punta de la lengua. Las sesiones para ampliar la capacidad de tu cerebro están diseñadas para evitar estos bloqueos de memoria, puesto que cuantos más retos le pones a tu mente, más fuerte se vuelve. En general, intenta crear un hábito regular de recordar cosas antiguas. Esto mejorará tu habilidad para recordar información y acontecimientos y mantenerlos frescos en tu memoria.

Para este ejercicio dedicarás 15 minutos a intentar recordar tu primer día de escuela secundaria con todos los detalles posibles. Recuerda las vistas, los sonidos, los olores. ¿Qué sucedió? ¿Quién estaba allí? ¿Cómo te sentías? Recuerda los nombres de todos los compañeros de clase y de los profesores que puedas. ¿Qué aspecto tenían? ¿Quiénes eran tus amigos? Dibuja un Mapa Mental (ve a la página 62) para ayudarte a explorar tus recuerdos.

**Consejos:** *Recordar nombres.* Habrá algunos nombres de compañeros que recordarás fácilmente, especialmente si fueron buenos amigos tuyos. Los que más te costará recordar, por ejemplo, serán los de compañeros a los que no conocías bien, esos serán los que realmente ejercitarán tu cerebro. Esos nombres con frecuencia vuelven en cuanto te acuerdas de la letra inicial. Empieza revisando lentamente el alfabeto, experimenta con cada letra. Si te parece que una letra te recuerda algo, dila en voz alta. Normalmente, de este modo acabas recordando el nombre o la palabra.

*Libre asociación.* Los psicólogos suelen usar la libre asociación de ideas para forjar una imagen de las personas en el inconsciente. De lo que se trata es de crear vínculos antes de que la mente consciente tenga tiempo de censurarlos. También puede ser una manera útil de recordar nombres, palabras y otros hechos cuando tengas un bloqueo mental. Simplemente, relájate y deja que tu mente asocie libremente una idea vaga. Explora todas las vías posibles, por insignificantes que te parezcan. Por ejemplo, si sabías que esa persona jugaba al fútbol, y no te acuerdas del nombre, asocia libremente el tema del fútbol escolar, recordando lo que significaba para ti. Muchas veces descubrirás que un vínculo inesperado te da la respuesta.

*Olvídate.* Los recuerdos pueden ser como mariposas escurridizas. A veces, el mero esfuerzo para vencer un bloqueo mental parece alejarlos todavía más. El problema es que el afán de concentrarte conduce a tus pensamientos por un camino en particular y evita que hagas las asociaciones correctas. La solución es distraerte y hacer algo distinto. Prueba a prepararte una taza de té, salir a la calle durante unos minutos a tomar aire fresco o sencillamente fregar los platos. Al dejar que tu mente vague, muchas veces el recuerdo resurge de pronto sin esfuerzo. Algunas personas lo llaman la «ley del esfuerzo inverso».

## PARTE 4
## COJÍN MENTAL: RELAJACIÓN
**Tiempo:** 15 minutos

Busca un lugar cómodo donde no te moleste nadie y dedica 15 minutos a practicar la técnica de relajación de la página 107.

# tu mente — DÍA 5

**tal: 60 minutos**

**RO**

ido el tiempo para revisar las respues-

**construcción de tu memoria**

to y largo plazo

*Mentes de verdad*

Empieza esta sesión aprendiendo 6 líneas más del soneto de William Shakespeare:

> [Ante la unión de espíritus leales, no dejéis,
> que ponga impedimentos.
> No es amor, el que se altera cuando alteración halla,
> o tiende a separarse de aquel que se separa.
>
> ¡Ay no! Es un faro siempre fijo
> que contempla las tempestades y nunca lo alteran;]
> es la estrella para todo barco sin rumbo,
> cuyo valor se desconoce aunque se pueda medir su altura.
>
> El amor no se deja engañar por el tiempo,
>      aunque los labios
> y rosadas mejillas al alcance de su curvada guadaña lleguen;
> el amor no se altera con sus breves horas y semanas,

sino que lo resiste incluso hasta el filo del juicio.
[Si esto es error y me lo demuestran,
nunca he escrito nada, ni amó jamás hombre alguno.]

WILLIAM SHAKESPEARE

**Consejo:** Como te he dicho antes, el secreto reside en fragmentar las palabras o frases en unidades manejables. Crea una imagen atrevida en tu mente para sumar cada fragmento y repite las palabras de cada uno de ellos en voz alta y rápidamente hasta que se vuelvan automáticas.

## El poder de las palabras
**Tiempo:** 180 segundos
**Objetivo:** lenguaje

*En otras palabras...*
Procura pensar en el máximo número de sinónimos para cada una de las siguientes palabras.

| | |
|---|---|
| actitud | preocupación |
| torpe | áspero |
| repugnante | idiota |
| agradable | divertido |
| bueno | guapo |
| colorido | cálido |

**Consejo:** Esta vez no tardes más de 15 segundos por palabra.

## Potenciador de la lógica

**Tiempo:** 120 segundos
**Objetivo:** lógica

*El pony fugitivo*
Resuelve el misterio:

El inspector Courvoisier estaba disfrutando de unas bien merecidas vacaciones en la Camarga. Era una mañana fresca de primavera, y mientras paseaba por el camino rural, escuchaba el canto de los pájaros en los árboles. De pronto, oyó un chacoloteo por detrás. Se giró y vio un pequeño pony de color gris galopando hacia él sin jinete; las riendas colgaban peligrosamente cerca de sus patas, y los estribos se agitaban en el aire. Cuando el pony le vio aflojó la marcha y Courvoisier pudo coger las riendas para detenerlo. «Ahora, a encontrar a tu dueño», le dijo, acariciando su frente de crin rizada para intentar calmarlo. Courvoisier no era precisamente un gran entendido en caballos. Sin embargo, había leído en alguna parte que eso podía ayudar a calmar a un caballo nervioso. Le aflojó la cincha de la maltrecha silla y se dirigió hacia la dirección de donde venía el pony, manteniéndolo en el arcén de la carretera para protegerlo del tráfico. Quizá se encontraría con el dueño.

Al cabo de unos minutos una joven dama bien vestida y de complexión fuerte y alta apareció corriendo por la carretera; estaba sin aliento y se la veía preocupada.

—*¡Minette!* ¡Gracias a Dios que te he encontrado! —gritó—. Ven, ven aquí, mala, vamos a casa. Evidentemente encantada y dando calurosamente las gracias a Courvoisier, la joven cogió las riendas, saltó de un brinco sobre *Minette* y clavó los talones en su lomo para emprender la marcha. En ese preciso momento, llegó un joven corriendo por el camino.

—¡Deténgala, deténgala! —gritó—, ese pony es mío. ¡Ella trabaja para un ladrón!

Courvoisier volvió a coger las riendas.

—¡Qué estupidez! —dijo la joven—. ¿Cómo un joven como él podría pagar un pony como el mío?

Courvoisier miró al joven que ya había llegado hasta ellos y estaba mirando al pony de arriba abajo.

—Por cierto, Mademoiselle —respondió Courvoisier—, ¿tendría la amabilidad de bajar del caballo un momento para resolver esto adecuadamente? Soy el inspector Courvoisier y demostraré quién está diciendo la verdad.

La dama, más calmada, desmontó y se puso junto al inspector.

—Bien —dijo Courvoisier girándose hacia el joven—, aquí tienes tu pony. Espero que te encuentres lo bastante bien como para montarlo. Mademoiselle, ¿hará el favor de acompañarme? Queda arrestada como sospechosa de robo.

1. ¿Qué hay en el pony que no encaja con la versión de la joven?
2. ¿Qué hay en el trato que le da la dama al pony que delata que no está familiarizada con él?
3. ¿Qué hay en los modales del joven que convencen a Courvoisier de que el pony le pertenece a él?

## Poder analítico
**Tiempo:** 120 segundos
**Objetivo:** lógica

*Código Morse*
Aquí tienes otro mensaje en Morse para que lo descifres:

- --- -.. ---/. .../.--. --- .. .. -... .-.. ./

## Pensamiento creativo
**Tiempo:** 120 segundos
**Objetivo:** lógica

*Primera y última*
A continuación tienes las primeras y últimas líneas de una historia breve. Al igual que hiciste ayer, has de completarla con una trama totalmente coherente. Tienes 1 minuto para contarla en voz alta; termina la última línea tal como está en el libro, justo cuando agotes el tiempo. Esta vez, sin embargo, tienes que grabarla (en un teléfono móvil, en una cámara de vídeo, ordenador, MP3, etc.); te sorprenderás de lo fácil que te resulta hoy enlazar la historia. No te lo pienses demasiado. Entra de lleno y deja volar tu imaginación mientras avanzas hacia la parte culminante.

«Ya basta», dijo George, sacándose la peluca. Esta vez se dieron cuenta de que lo decía en serio...
... y los frailecillos se metieron en sus nidos.»

**Consejo:** Recuerda que la historia ha de fluir. No intentes pensar en toda la historia antes de pasar a la siguiente frase. Simplemente, déjate llevar por la imaginación.

## PARTE 2
## DESARROLLO DE HABILIDADES
**Tiempo:** 15 minutos

Como en las sesiones anteriores, tu siguiente tarea es practicar, durante 15 minutos, la habilidad que hayas escogido.

## PARTE 3
## MEMORIA Y COMPRENSIÓN

**Tiempo:** 15 minutos (incluido el tiempo para revisar las respuestas). Aquello que más nos cuesta recordar es lo que no tiene ningún sentido para nosotros. Dar sentido es la clave para recordar cosas. A veces, ese significado puede ser puramente personal y emocional. Por ejemplo, sin duda recordarás el día en que una persona importante para ti te envíe un ramo de flores. Comprender es otra forma de dar sentido. Si entiendes las cosas que ves, oyes o lees, tienes más probabilidades de recordarlas.

Prueba estos ejercicios de buscar lógica y sentido. Aquí tienes una lista de palabras.

| | |
|---|---|
| no | que |
| grandes | fijarse |
| cosas | las |
| que | hagan |
| fijes | deprisa |
| hagan | se |
| no | hagan |
| sé | las |
| bien | pequeñas |

| | |
|---|---|
| en | que |
| te | impide |
| impide | realizar |
| las | desees |
| desear | ventajas |
| en | las |
| cosas | empresas |
| se | pequeñas |
| ventajas | deprisa |

Empieza dedicando 3 minutos a recordar todas las palabras. Para memorizar rápidamente, utiliza la técnica que creas más eficaz. Tapa el libro y escribe todas las palabras que puedas recordar. ¿Cómo lo has hecho?

Si no las has recordado todas, vuelve a la lista. Prueba a darles algún sentido a las palabras (en realidad, proceden de una frase descompuesta). Tienes 1 minuto para reorganizar las palabras y formar al menos una frase completa, y luego 3 minutos más para memorizar la frase. El texto original es una máxima de Confucio compuesta de cuatro frases; de lo que se trata es de que encuentres una versión que te permita recordarlas todas. Por ejemplo, «no desees que las cosas pequeñas...». Organiza las palabras formando una frase con sentido y verás cómo las puedes recordar con facilidad. Dar sentido a las palabras de este modo hace que te resulte más fácil recordarlas.

Ahora prueba esto. A continuación tienes una serie de 15 imágenes recogidas al azar. Utiliza los mismos principios que antes; tienes 3 minutos para recordarlas todas.

**Consejo:** Organiza las imágenes en un *story board*\* para una película.

## PARTE 4
## COJÍN MENTAL: RELAJACIÓN

**Tiempo:** 15 minutos

Busca un lugar cómodo donde no te moleste nadie y dedica 15 minutos a practicar la técnica de relajación de la página 107.

---

\* El *story board* se utiliza en el cine o para hacer anuncios publicitarios; es un tablón donde se cuelgan viñetas con las secuencias del anuncio o de alguna sección de un largometraje. *(Nota de la T.)*

# Pon a punto tu mente — DÍA 6
## Tiempo total: 60 minutos

## EXPANSIÓN CREATIVA

Sólo hay una parte en esta sesión y necesitarás 1 hora para completarla sin interrupciones. Esta vez, el objetivo es potenciar tu creatividad para que alcance nuevas cumbres, desarrollando las técnicas que has empezado en sesiones anteriores. Haz que fluyan tus juicios creativos, y tu cerebro estará en forma y ágil.

La creatividad depende de una serie de distintas cualidades:

**Fluidez:** la velocidad y facilidad con la que tu cerebro encuentra todo tipo de ideas originales e inteligentes.

**Flexibilidad:** tu capacidad para ver las cosas desde una nueva perspectiva, es decir, tomar un problema y darle la vuelta: de arriba abajo, de atrás hacia delante, de dentro hacia fuera, para renovarlo.

**Originalidad:** tu capacidad para crear tus ideas únicas partiendo de cero.

Al segundo día de este programa tuviste que hallar el máximo número posible de usos para un botón de chocolate. Ahora, vas a hacer un ejercicio similar, sólo que esta vez con una antena parabólica. A continuación tienes una lista de 30 palabras al azar. Se trata de que encuentres el máximo número de usos para la antena parabólica respecto a cada una de las palabras. De nuevo, la clave de este ejercicio es no tener pensamientos encasillados y dejar volar la imaginación (¡por ridículos y extravagantes que te parezcan!).

Recuerda que tu imaginación funcionará mejor si utilizas:

**Exageración:** cuanto más exageradas hagas las cosas, más las recuerdas, y te conducen en direcciones interesantes. Al cerebro le gustan las cosas grandes y dinámicas.

**Humor:** asimismo, ridiculizar las cosas también ayuda a que resulten más fáciles de recordar y te llevan por caminos descabellados y fantásticos.

**Sentidos:** la nueva información entra a través de tus sentidos: vista, tacto, oído, olfato y gusto. Todos ellos pueden desencadenar recuerdos. Imagina a qué pueden estar vinculados los olores y los sabores. Te darás cuenta de que descubres algunas cosas interesantes.

**Color:** los colores también poseen asociaciones fuertes. Añade algunos colores vívidos, y te sorprenderá ver adónde te lleva la imaginación.

**Patrón:** el cerebro siempre busca patrones o pautas, y pensar en patrones te puede recordar algunas conexiones totalmente nuevas. ¿Qué patrones se pueden crear con las antenas parabólicas y las manzanas, por ejemplo?

**Ritmo y movimiento:** también pueden llevarte a nuevas direcciones.

**Imagen:** imagina vínculos visuales para tu tema, y se abrirán un montón de asociaciones e ideas nuevas.

| | | |
|---|---|---|
| 1. Patata | 11. Bomba nuclear | 21. Sagrado |
| 2. Bicicleta | 12. Árbol | 22. Navidad |
| 3. Ópera | 13. Manzana | 23. Conejo |
| 4. Nave espacial | 14. Teatro | 24. Golf |
| 5. Paraguas | 15. Armario | 25. Cámping |
| 6. Cuchillo | 16. Pelo | 26. Lluvia |
| 7. Mosca | 17. Bandera | 27. Nadar |
| 8. Botón | 18. Arma | 28. Ropa interior |
| 9. Mariposa | 19. Tiburón | 29. Órgano de iglesia |
| 10. Vendaje | 20. Diamante | 30. Bolera |

**Consejo:** la mejor técnica para dominar rápidamente este ejercicio es un Mapa Mental (véase página 62). Cuando dibujes el tuyo, asegúrate de dar los siguientes pasos:

1. Dibuja un Mapa Mental rápido con una antena parabólica en el centro, y procura sacar todas las ideas, ramas y colores con la mayor rapidez posible. Tienes 15 minutos.
2. Descansa 10 minutos, levántate y haz otra cosa.
3. Vuelve a tu Mapa Mental y añade las ideas nuevas que se te hayan ocurrido.
4. Explora tu Mapa Mental durante otros 15 minutos para hallar nuevas conexiones.
5. Conecta los elementos con códigos, colores y flechas.
6. Identifica nuevas conexiones.
7. Haz otra pausa de 10 minutos.
8. Vuelve a tu Mapa Mental y trabaja otros 5 minutos, añade ideas nuevas en cada rama. Sigue buscando conexiones nuevas.

# Pon a punto tu mente — DÍA 7
**Tiempo total: 60 minutos**

Hoy es un día de autoevaluación y de comprobar tus progresos. Deberías sentirte más ágil y agudo mentalmente, y si sigues trabajando con el plan de 7 semanas para mantener tu mente en forma, sólo tendrás que dedicar 1 día a la semana durante 7 semanas.

## PARTE 1
## AUTOEVALUACIÓN: TUS PROGRESOS

**Tiempo:** 15 minutos

Vuelve a revisar el Regenerador Mental de 7 minutos de la página 14, haciéndolo lo más rápido posible y lo mejor que puedas. ¿Puedes hacerlo en menos de 7 minutos? Evalúa tu progreso con sinceridad e intenta reconocer las áreas en las que no estás tan fuerte. Anótalas, pues el plan de 7 semanas para mantener tu mente en forma que aparece en el capítulo 8 te ayudará a reforzarlas.

## PARTE 2
## AUTOEVALUACIÓN: PODER DE LAS PALABRAS

**Tiempo:** 30 minutos

A principios del siglo pasado, los psicólogos observaron que existía una correlación directa entre la amplitud y la fuerza del vocabulario de una persona y su capacidad para triunfar en la vida. En otras palabras, las personas que se acogen al poder del lenguaje tienen la libertad y el poder para expresarse, influir en y estimular a los demás. Sigue ampliando tu vocabulario a lo largo de tu vida y seguirás expandiendo tus horizontes.

Una manera sencilla de tener una idea de tu vocabulario es elegir una página de un diccionario de nivel medio al azar; cuenta el número de palabras de las que conoces el significado, y luego multiplícalas por el número total de páginas. A continuación tienes una lista un poco más fiable. Cuenta cuántas palabras conoces de cada nivel, utilizando un diccionario para ayudarte a revisar el significado de cada una.

*Nivel 1*

| | |
|---|---|
| diariamente | manual |
| patrón | terminar |
| monumento | monótono |
| contrabando | arpón |
| bebida | dificultad |
| fatiga | vivaz |
| reinado | distinto |
| expedición | compra |
| alterar | barómetro |
| impulsivo | excavar |
| informe | abandonar |
| sonido | caos |
| cardinal | binoculares |
| demoler | huelga |
| residuo | gráfico |
| lanzadera | extranjero |
| festival | límite |
| laboratorio | matinal |
| horizonte | paralelo |
| velocidad | votación |

*Nivel 2*

| | |
|---|---|
| lacónico | territorio |
| vorágine | divergir |
| timbre | ecología |
| poroso | prolijo |
| híbrido | cognición |
| fantasma | ansioso |
| impunidad | faceta |
| fragante | domicilio |
| biografía | accionar |
| interponer | cosmopolita |
| descarburación | galopante |
| lateral | vitela |
| dechado | iconoclasta |
| almuédano | tilo |
| estertóreo | jeroglífico |
| virtuosismo | vudú |
| cardador | resurgente |
| tabú | maxilar |
| guache | |
| vasallo | |

*Nivel 3*

| | |
|---|---|
| pedicular | antepecho |
| geodésico | lacho |
| excavado | ucase |
| alféizar | enquiridión |
| pérfido | lapidar |
| ovalado | escatología |
| mermar | dicotomía |
| tornalecho | moratoria |

laminero            pragmático
mórbido             finta

En los dos primeros niveles, cada palabra que sepas indica que conoces otras 300 palabras.

*Tu puntuación*

Si consigues 20 aciertos en el nivel 1, significa que conoces unas 6.000-10.000 palabras.

Si tienes 40 aciertos en el nivel 1, significa que conoces al menos 12.000 palabras.

Si tienes 20 aciertos en el nivel 2, significa que conoces al menos 18.000 palabras.

Si tienes 40 aciertos en el nivel 2, significa que conoces al menos 24.000 palabras.

Si conoces 10 o más palabras en el nivel 3, significa que conoces más de 30.000 palabras.

## En otras palabras...

Selecciona 10 palabras que conozcas del primer nivel, 5 del segundo y 5 del tercero y busca todos los sinónimos que se te ocurran para cada una. No tardes más de 15 segundos por palabra, o 5 minutos en total.

## PARTE 3
## COJÍN MENTAL: RELAJACIÓN
**Tiempo:** 15 minutos

Busca un lugar cómodo donde no te moleste nadie y dedica 15 minutos a practicar la técnica de relajación de la página 107.

# SEGUNDA PARTE

# 5

## Cuerpo fuerte, mente fuerte

*Tengo muchas ideas, pero poco tiempo.*
*Espero vivir sólo hasta los 100 aproximadamente.*
THOMAS ALVA EDISON

Ahora ya has completado el plan de 7 días para poner a punto tu mente, ¡tu cerebro debe estar bullendo con nuevas técnicas y energía! ¿Qué más puedes hacer para mantenerlo en condición óptima? Ahora muchas personas se dan cuenta de que mantener el cuerpo fuerte y ágil ayuda a mantener la mente en la misma condición.

## CUERPO Y MENTE

En el pasado se creía que el rendimiento intelectual y la buena forma física eran dos cosas totalmente diferentes. Se decía que los que eran todo músculo no tenían nada de seso. Ahora, las investigaciones están empezando a demostrar lo que algunos siempre han defendido: que no se puede separar la mente del cuerpo. El cerebro es una parte del cuerpo, y la salud física tiene un profundo efecto sobre la salud mental y a la inversa.

En los últimos decenios se han hecho grandes avances en la salud física, y actualmente las personas del mundo desarrollado viven más que antes. Hace un siglo, una mujer que naciera en Australia tenía una esperanza de vida de 58 años. Ahora la media es de 83, un impresionante cambio de 25 años. El hecho de que el promedio haya variado tanto significa que hay muchas australianas que superan esa edad.

No es nuevo que las personas superen los 83 años. La historia está llena de famosos centenarios. Lo que ha cambiado es que hace un siglo vivir hasta esa edad era una excepción. Ahora es la norma. Algo parecido ha sucedido en la forma física de las personas mayores. Hace un siglo, era raro que las personas de edad avanzada estuvieran en forma y sanas. Ahora, es la norma.

Además, algunas de estas personas que superan los 60 están tan en forma que existen los Juegos Olímpicos para Veteranos, donde compiten y alcanzan altos niveles. Cualquier carencia en su rendimiento físico suele estar compensada y con creces por su experiencia de toda la vida. Mike Thurgur, el jugador británico de squash, de 64 años, es uno de esos maravillosos ejemplos: en un acto benéfico estuvo en la cancha durante 15 horas sin parar, compitiendo con todos los participantes, incluyendo a muchos jugadores nacionales que tenían un tercio de su edad, y los venció a todos. Igualmente impresionante es el astronauta John Glenn que se enfrentó a la dureza de un viaje espacial a los 77 años.

## LARGA VIDA, BUENA SALUD

La esperanza de vida está aumentando en todo el mundo. Una de cada diez personas tiene más de 60 años. Las Naciones Unidas calculan que en el 2050 serán 1 de cada 5. A medida que avanza este envejecimiento de la humanidad, cada vez seremos más los que superaremos los 80, y muchos incluso superarán los 100 años.

Esto es un gran logro. Hace escasamente un siglo, muy pocas personas llegaban a los 80 años, y poquísimas los superaraban. Muchas de ellas morían a causa de las enfermedades y las penurias. En 1900, el 99 por ciento de la gente moría antes de los 60. Sólo un 1 por ciento vivía lo suficiente como para cobrar una pensión. El raro privilegio de vivir algo que pudiera aproximarse a todo un ciclo de vida humano estaba reservado a una pequeña élite. Ahora, gracias a mejores dietas, a los adelantos en la salud pública y los beneficios de la medicina moderna, la mayoría podemos esperar vivir hasta los 90 o incluso más. En Occidente, la esperanza de vida aumenta cada año. Los niños estadounidenses nacidos en 2004 tienen una esperanza de vida de 77,9 años. Mientras que las niñas pueden esperar vivir casi hasta los 81.

Además, la gente no sólo vive más, sino que está más sana. Curiosamente, en los lugares más ricos del mundo, donde la población ha envejecido más, los gastos en salud y cuidados sociales para los muy mayores han *disminuido*. En el siglo pasado, la medicina moderna, las mejoras en la sanidad y la dieta han contribuido a que las personas vivan más y mejor.

## ¿Podríamos vivir eternamente?

Algunos científicos creen que pronto podremos esperar vivir bastante más de 80 o 90 años. Tun Dr Ling es uno de ellos. Tun Dr Ling es un médico cualificado que está realizando una investigación extraordinaria en el campo del envejecimiento. Cree que estamos a punto de llegar a una época en que aumentaremos espectacularmente la esperanza de vida en varios cientos de años.

En lugar de basar sus investigaciones en la criogenética (congelar a las personas hasta que se tengan suficientes conocimientos médicos como para mantenerlas con vida), lo hace en los revolucionarios avances de la medicina que permiten crear órganos a partir de las propias células de su dueño. La importancia de esto es que el cuerpo no rechazará los órganos trasplantados, puesto que estarán hechos con el mismo ADN. Los científicos ya han tenido éxito creando una vejiga con este sistema, y ahora están llevando a cabo la misma investigación con otros 23 órganos principales del cuerpo, incluidos el hígado, el bazo y el corazón. Tanto él como otros científicos creen que cuando consigan reproducir todos los órganos principales del cuerpo podremos vivir hasta 350 años...

## LOS BENEFICIOS PARA EL CEREBRO DE HACER EJERCICIO

Hace mucho tiempo que se conocen los beneficios físicos de hacer ejercicio. En China, hasta existe un programa nacional de tai chi para fomentar la salud y aliviar la tensión. Actualmente, las investigaciones están demostrando que el estado de ánimo puede influir en la salud del cerebro. Por una parte, se ha demostrado que la depresión y el estrés deprimen el sistema inmunitario y hacen que las personas sean más propensas a las infecciones y a otras enfermedades. Por otra parte, se ha demostrado que el ejercicio físico alivia la depresión.

Recientemente se realizó un estudio con 156 pacientes entre 50 y 77 años que padecían depresión grave y se los dividió en tres grupos. Uno fue tratado con medicación, a otro se le animó a hacer ejercicio, y un tercero recibió medicación y ejercicio. El grupo que hacía ejercicio pasaba 30 minutos tres veces a la semana haciendo bicicleta estática, caminando o corriendo. Para sorpresa de los investigadores, los tres grupos mostraron mejoría en su depresión, lo que indica que el ejercicio es tan eficaz para tratar esta enfermedad como la medicación.

## HECHOS SOBRE EL CEREBRO
# Ejercita la química

El ejercicio es especialmente bueno para el cerebro puesto que genera sustancias químicas denominadas factores neurotróficos derivados del cerebro (FNDC). Estas sustancias químicas fomentan el desarrollo de nuevas conexiones en el cerebro y de células cerebrales.

El ejercicio también aumenta la cantidad de serotonina en el cerebro, lo cual favorece actitudes positivas. Ésta podría ser una de las razones por la que las personas que hacen ejercicio son más felices, optimistas y tienen más seguridad en sí mismas.

No cabe duda de que el ejercicio físico te ayuda a vivir mejor y más sano, y ahora las investigaciones han demostrado que existe una conexión directa entre el envejecimiento del cerebro y una mente sana. En un estudio a gran escala realizado en Quebec, con 5.000 hombres y mujeres de más de 65 años, se demostró que los que hacían ejercicio, especialmente las mujeres, eran los que obtenían mayores beneficios. Los que no hacían gimnasia tenían el doble de posibilidades de desarrollar el alzheimer que los que hacían al menos tres veces a la semana. Incluso sólo un poco de ejercicio reducía el riesgo de alzheimer significativamente.

En otro estudio se contemplaban los beneficios del mero hecho de caminar con regularidad. Investigadores de San Francisco, dirigidos por Kristine Yaffe, tuvieron en observación a un grupo de 6.000 mujeres durante unos 8 años, controlando su memoria y otras funciones mentales en comparación con su nivel de actividad. Durante el período que duró el estudio, las que caminaban menos tenían un 50 por ciento más de deterioro que las que caminaban más. Yaffe descubrió que puedes experimentar los beneficios cualquiera que sea tu nivel de agilidad mental. Se dio cuenta de que todo ayuda. Por cada milla [1.600 m] de más que caminaba una mujer a la semana, había un 13 por ciento menos de declive cognitivo.

---

## HECHOS SOBRE EL CEREBRO

## Ejercitar la mente

Un extraordinario y reciente estudio realizado en la Cleveland Clinic de Estados Unidos demostró que del mismo modo que el ejercicio muscular puede mejorar la salud del cerebro, la mente también puede fortalecer los músculos pensando en ellos. Durante 12 semanas, el doctor Vinoth Ranganathan pidió a 30 adultos jóvenes que pensaran regularmente en mover el meñique o un codo, sin llegar a moverlos. Sorprendentemente, los que pensaron en mover el meñique, descubrieron que al cabo de los tres meses estaba un tercio más fuerte, mientras que los que pensaron en mover el codo observaron un 13 por ciento de aumento en su fortaleza. Ranganathan llegó a la conclusión de que la fuerza se adquiere porque el cerebro aprende a indicar al músculo a que se contraiga mejor, en lugar de que el músculo gane en volumen. La teoría es que el ejercicio mejora la circulación sanguínea. La mejora en la circulación aumenta el suministro de oxígeno y glucosa al cerebro, dándole energía extra, así como otras sustancias químicas que también necesita. También ayuda a limpiar los productos de desecho con mayor eficacia. Esta es la razón por la que un paseo rápido «aclara la mente».

---

## EMPIEZA

Ahora que puedes ver los beneficios del ejercicio para el cerebro, ¿no tienes ganas de ponerte manos a la obra? Antes de empezar, siempre es mejor consultar con el médico sobre el programa que vas a seguir. ¡Seguramente estará encantado de escuchar tus ideas!

Hay algo más que has de tener en cuenta antes de empezar y son las cuatro áreas de la actividad física:

1. **postura**
2. **entrenamiento aeróbico**
3. **flexibilidad**
4. **fuerza**

## POSTURA

Una definición de postura es «porte elegante y grácil». Si estás perfectamente colocado, el cuerpo está bien equilibrado, todos los músculos, articulaciones y órganos están en el lugar adecuado, y se produce un flujo natural de energía a través de tus sistemas corporales. Hasta aquí, todo correcto, pero ¿qué tiene que ver esto con el ejercicio? Dicho simple y llanamente, si haces ejercicio con una buena postura —es decir, con equilibrio y compostura—, realmente puedes ensalzar los beneficios de lo que estés haciendo y reducir radicalmente el riesgo de lesiones o torceduras, algo especialmente importante para las personas mayores.

El valor de la postura se ha enfatizado principalmente a través del trabajo de Matthias Alexander, el autor de la «Técnica Alexander» del movimiento y la postura en el siglo pasado. Hay mucha información sobre la misma, si quieres saber más. Entretanto, ¿por qué no hacemos una breve revisión de nuestra postura?

Donde quiera que te encuentres, hagas lo que hagas, hazte las siguientes preguntas:

1. **¿Me estoy encorvando?**
2. **¿Estoy proyectando la cabeza hacia delante o la llevo hacia atrás?**
3. **¿Tengo los hombros rígidos o los estoy levantando?**
4. **¿Estoy bloqueando alguna articulación?**
5. **¿Arqueo hacia atrás las caderas o proyecto la pelvis hacia delante?**
6. **¿Respiro de forma superficial, o lenta y profundamente?**

Si descubres que tu postura necesita mejorar, simplemente relájate un momento, haz una pausa y pon tu espalda según lo que se conoce como la «postura de control primario»:

1. **Asegúrate de que tienes el cuello relajado y suelto.**
2. **Endereza la cabeza.**
3. **Corrige la postura total: la espalda ha de estar recta y los hombros abiertos, no encogidos.**
4. **Concéntrate en reducir cualquier zona de tensión en tu respiración o en tu cuerpo.**

Una forma de mejorar la postura es la de ser consciente de ella a lo largo del día. Ahora dedica un momento a revisar tu postura y a corregirla; pronto te darás cuenta de que automáticamente adoptas otra más equilibrada.

Si necesitas inspiración, ¿por qué no pruebas a poner fotos de animales o de personas en su postura, como felinos o bailarines, por tu casa o despacho? ¿O por qué no adquieres un nuevo hobby? Las actividades que te ayudan a corregir la postura incluyen:

1. **yoga**
2. **técnica Alexander**
3. **danza**
4. **tai chi o chi kung**
5. **aikido u otras artes marciales**

## ENTRENAMIENTO AERÓBICO

El ejercicio «aeróbico» es cualquier ejercicio que estimula el corazón y los pulmones durante el tiempo suficiente como para producir cambios positivos en el cuerpo. Caminar, correr, ir en bicicleta y nadar son ejemplos de ejercicio aeróbico. Todos ellos aumentan la capacidad del cuerpo para utilizar el oxígeno, y eso conlleva toda una serie de beneficios para el cerebro y para el cuerpo. Los estudios del Salk Institute han demostrado que correr puede incentivar la supervivencia de las células cerebrales en los ratones con enfermedades similares al alzheimer y, de hecho, estimulan el crecimiento celular en el cerebro humano.

Para llegar a estar en forma aeróbicamente y mantenerte, has de hacer ejercicio cuatro veces a la semana durante como mínimo 30 minutos. Cada sesión de ejercicio ha de constar de lo siguiente:

- **5 minutos de calentamiento**
- **20 minutos de ejercicio**
- **5 minutos de descanso y estiramientos**

Caminar, bailar, nadar y correr son formas sencillas de hacer ejercicio y de incorporar entrenamiento aeróbico en tu vida diaria que puede que quieras probar. El plan de 7 semanas para mantener tu mente en forma te ayudará a incorporar tiempo para hacer ejercicio.

De momento, la clave es empezar lentamente y ser amable contigo mismo. ¡Pronto notarás los beneficios tanto mentales como físicos! Las investigaciones realizadas por el doctor James Blumathal, del Duke University Medical Center, demostraron que sólo media hora de ejercicio aeróbico tres veces a la semana mejoraban la memoria y la mente en personas de cualquier edad; principalmente en las de mediana edad y las mayores. Además, ¡lo mejor fue que los beneficios fueron inmediatos y duraderos!

## FLEXIBILIDAD

La flexibilidad se refiere a la libertad y facilidad con la que se mueven tus articulaciones. Cuando tu cuerpo es flexible, el oxígeno fluye mejor, incluido el cerebro. Esto también favorece el funcionamiento de la mente. El mero hecho de estirarte en todas direcciones es uno de los mejores ejercicios de flexibilidad y que puedes hacer cada día rápidamente.

Los ejercicios para cambiar tu postura también te darán flexibilidad, como los de calentamiento y estiramiento de la sesión aeróbica.

## FUERZA

El entrenamiento de fuerza también es una parte vital para la buena forma física. Refuerza los músculos, tonifica el cuerpo, te ayuda a sentirte bien, y a mantener la salud y la buena forma física general.

En la Tufts University de Estados Unidos, los residentes de una residencia de ancianos de edades comprendidas entre los 86 y 96 años iniciaron un programa de entrenamiento de fuerza de 8 semanas que dio como resultado un extraordinario aumento de la fuerza y una mejoría en el equilibrio. El entrenamiento continuado tanto con mancuernas como con máquinas hizo que mejorara su artritis, aumentara su densidad ósea, e incluso que se moderara su insensibilidad a la insulina en la diabetes del Tipo 2.

Para tener un buen tono muscular, has de hacer ejercicio 4 veces a la semana durante 20 a 60 minutos, según el grupo muscular que estés trabajando. Puedes hacer ejercicio en casa o apuntarte a un gimnasio (¡también puede suponer un beneficio para tu vida social!). Para saber qué hay por tu zona, ¿por qué no miras en internet o en la guía telefónica?

---

### HECHOS SOBRE EL CEREBRO

## Cerebro y músculos

El cerebro y los músculos están mucho más conectados de lo que te imaginas. Del mismo modo que las neuronas están interconectadas en el cerebro, se conectan directamente con los músculos. Las neuronas motoras conectan el cerebro con los músculos para que se contraigan. Las neuronas sensoriales conectan los músculos con el cerebro para proporcionarles un *feedback*. Las neuronas establecen el contacto con el músculo a través de un pequeño espacio denominado «unión neuromuscular». Lo interesante es que la comunicación a través de este espacio se realiza por medio de algunos de los neurotransmisores que se usan en el cerebro, como la acetilcolina, la encargada de la memoria y la atención, y la dopamina, la encargada de las recompensas; ambas desempeñan un papel esencial en el envejecimiento del cerebro.

No cabe duda de que la actividad muscular y la función cerebral están muy relacionadas. Muchos masajistas dicen que un masaje profundo puede desencadenar recuerdos con fuerte carga emocional olvidados hace tiempo.

## HACERLO TODO

Hay varias formas de hacer ejercicio para mejorar la postura, el estar en forma aeróbico, la flexibilidad y la fuerza, todos juntos. Además, ¡estos sorprendentes ejercicios también pueden ser divertidos! Son los siguientes:

1. **caminar**
2. **correr**
3. **nadar**
4. **bailar**
5. **remar**
6. **aikido u otras artes marciales**

Sea cual sea el tipo de ejercicio que elijas, tiene que formar parte de tu rutina diaria. Además de rejuvenecer tu cerebro, te ayudará a estar más sano, más feliz, y a tener más confianza en tu cuerpo.

# 6

# Alimenta tu mente

*Dime lo que comes y te diré quién eres.*
ANTHELME BRILLAT-SAVARIN,
Epicúreo y gastrónomo francés del siglo XVIII

Alimenta tu cuerpo y alimentarás tu mente. Ahora, los científicos se están dando cuenta de que la dieta desempeña un papel esencial para el bienestar del cerebro. Por importante que sea esta observación, el cerebro no es más que un pequeñísimo procesador de sustancias químicas, y necesita un aporte adecuado de éstas para funcionar correctamente. Estas sustancias químicas proceden principalmente de la comida. La agilidad mental en la última etapa de la vida se ha relacionado con deficiencias o excesos dietéticos. Es importante alimentar bien la mente; te beneficiarás de ellos ahora y en el futuro.

## EL COMBUSTIBLE DEL CEREBRO

Tu cerebro utiliza energía en forma de glucosa. Necesita proteínas para crear y reparar neuronas. Grasas para protegerlas. Vitaminas y minerales para crear las sustancias químicas esenciales como los neurotransmisores. Para conseguir todas esas sustancias, has de mantener el equilibrio correcto de nutrientes en tu dieta. Come de manera equilibrada, y eso protegerá tu poder mental tanto a corto como a largo plazo.

En lo que a energía se refiere, el cerebro es el órgano más exigente del cuerpo. Aunque sólo suponga un 2 por ciento o menos de tu peso corporal, utiliza una quinta parte de la energía de tu cuerpo. Esta es la razón por la que comer alimentos que contengan suficiente energía es esencial para el buen funcionamiento cerebral.

La energía de la comida procede de los hidratos de carbono, como los azúcares y almidones. El cerebro sólo puedes usarlo de una forma, como glucosa, lo que significa que el cuerpo ha de convertir la mayor parte de los hidratos de carbono en glucosa para que el cerebro pueda usarlos. La glucosa llega al cerebro a través de la sangre y es absorbida a través de la barrera hematoencefálica.

---

## HECHOS SOBRE EL CEREBRO

## La barrera hematoencefálica

La barrera hematoencefálica es un conjunto de membranas que impide que las sustancias perjudiciales pasen del torrente sanguíneo al cerebro. Es una barrera selectiva, porque tiene que liberar todas las sustancias que necesitan las neuronas, incluidos los nutrientes, glucosa y oxígeno que necesita para funcionar. Algunos de estos materiales tienen una forma y tamaño tan específicos que pasan por determinados «agujeros» y atraviesan la barrera. Otros son transportados a través de la membrana unidos a proteínas especiales. Otros incluso se fragmentan para poder entrar.

---

Algunos alimentos dulces, como las bebidas con gas, los dulces y muchos alimentos de comida rápida, contienen azúcares en formas sencillas que se absorben muy fácilmente y que se transforman rápidamente en glucosa. Puede que pienses que eso es estupendo para tu cerebro, porque te da energía al instante. Por desgracia, es *demasiado* utilizable; esto se puede ilustrar con un ejemplo tan sencillo como una hoja de papel. Aunque el papel es estupendo para prender un fuego, se quema demasiado deprisa para dar calor. Del mismo modo, los alimentos dulces se queman demasiado deprisa para nutrir al cerebro aunque se consuman en grandes cantidades.

Para empezar, los alimentos dulces se transforman tan rápidamente en glucosa que se produce un repentino aumento del nivel de azúcar en la sangre. El cuerpo produce rápidamente insulina como respuesta a esta subida del azúcar, para volver a normalizar su nivel. El resultado es que el nivel de azúcar oscila haciendo picos y descensos abruptos. A corto plazo, esto puede provocar somnolencia, ansiedad, dolor de cabeza, sed, confusión y cansancio.

Un poco de azúcar también puede provocar «neblina mental», impidiéndote pensar con claridad debido al desequilibrio del nivel de azúcar.

## LOS PERJUICIOS DEL AZÚCAR

A largo plazo, una dieta con excesos de azúcar puede lentificar la actividad cerebral, mientras se adapta a estos continuos altibajos del nivel de azúcar en la sangre. Alimentarse siempre con dietas ricas en azúcar hace que el cuerpo sea menos sensible a la insulina. Una sensibilidad baja a la insulina significa que las células corporales, especialmente las del cerebro, empiezan a pasar hambre. La profesora Carol Greenwood, de Toronto, demostró que las personas con resistencia a la insulina que ya eran de por sí lentas en el aprendizaje, empeoraban tras tomar un tentempié dulce.

Según parece, cuanto más alimentas tu cerebro con el combustible incorrecto, más rápido se quema éste y peor funciona el cerebro. Las dietas ricas en azúcar son tan nefastas que algunos científicos han recomendado que la mejor forma de proteger el cerebro es restringir la ingesta de calorías. Hay pruebas de que reduciendo las calorías se reduce el daño provocado por los radicales libres. Los radicales libres desempeñan un papel esencial en el proceso de envejecimiento de las membranas celulares, proteínas y ADN, las sustancias químicas básicas de las células. Se cree que las neuronas son especialmente susceptibles al deterioro de los radicales libres.

Una ingesta restringida de calorías reduce el estrés del cerebro, haciendo que produzca los FNDC (factores neurotróficos derivados del cerebro; v. pág. 155) que protegen las neuronas. De este modo está mejor preparado para hacer frente al deterioro y al estrés a largo plazo. Mark Mattson, un neurocientífico de Baltimore, descubrió que los animales que tomaban una dieta baja en calorías tenían cerebros más activos, porque, aparentemente, estaban buscando comida.

Aunque la idea de una dieta baja en calorías sigue siendo algo controvertida, los neurocientíficos están de acuerdo en que podemos reducir nuestra dosis de hidratos de carbono. También es una buena idea tomar menos alimentos dulces, especialmente hechos con azúcar refinado, y comer hidratos de carbono más complejos, como los que se encuentran en las verduras.

## CABEZAS GRASAS

Las grasas son otra fuente de energía en la dieta. También son útiles para el cerebro. De hecho, un tercio del cerebro está hecho de grasa. Las grasas son un gran aislante eléctrico y desempeñan un papel primordial en las capas de mielina que recubren los nervios, al igual que los cables eléctricos están revestidos de plástico.

Existen dos tipos principales de grasas dietéticas según su estructura química: las saturadas y las insaturadas. Las grasas vegetales son principalmente insaturadas, puesto que se utilizan para crear hormonas esenciales como las prostaglandinas. Las grasas animales suelen ser saturadas, y desde hace tiempo se sabe que, en exceso, contribuyen a las enfermedades cardiovasculares y a otro tipo de enfermedades. Ahora se cree que pueden contribuir al alzheimer, porque crean obesidad, y suben el colesterol y la presión. La mayoría de los expertos están de acuerdo en que ningún tipo de grasa debe suponer más de un tercio de tu dosis de calorías diarias.

## PESCADO

En los últimos años, muchas personas han dicho que el aceite de pescado de agua fría, como el de arenque, es lo mejor para el cerebro. Esto significa que todas esas cucharadas llenas de aceite de hígado de bacalao que tomábamos de pequeños no fueron en vano (¡después de todo, nuestros padres tenían razón!). El aceite de pescado es rico en ácidos grasos omega-3, que se cree que tienen muchos beneficios. Además de ser buenos para la salud física, por reducir el riesgo de padecer enfermedades cardiovasculares y el dolor de las articulaciones provocado por reumatismo, se sabe que también favorecen la salud mental.

Muchos científicos creen que el ácido graso omega-3 es un alimento vital para el cerebro en la etapa final de nuestra vida. De hecho, algunos científicos arguyen que es el alimento clave para frenar su envejecimiento. Un estudio reciente con 4.000 personas mayores llevado a cabo en Chicago demostró que las que comían pescado al menos una vez a la semana, perdían agudeza mental y memoria a un ritmo un 10 por ciento más lento. Las que comían pescado dos veces por semana lo perdían un 13 por ciento más lento. Los investigadores consideraron que equivalía a tres o cuatro años menos de la edad mental.

El ácido graso omega-3 es un alimento vital para el cerebro, en parte por uno de sus componentes denominado DHA (ácido docosahexaenoico), que supone una parte importante de las membranas de las neuronas. También fomenta la producción de FNDC, que promueven la formación de nuevas neuronas y de nuevas conexiones. Asimismo, refuerza los neurotransmisores fundamentales, dopamina y serotonina. Se supone que cuando éstos empiezan a disminuir, el cerebro envejece.

## Alimento del cerebro

*Alimentos para los neurotransmisores*
Algunos alimentos parecen ser esenciales para que el cerebro empiece a crear neurotransmisores. Cualquier carencia de estos precursores en la dieta puede provocar un mal funcionamiento mental. Entre ellos se incluyen:

1. **el ácido aspártico (que se emplea para hacer aspartato), se encuentra en los cacahuetes, patatas, huevos y cereales;**

2. la colina (que se utiliza para hacer acetilcolina), se encuentra en los huevos, hígado y habas de soja;

3. el ácido glutámico (se emplea para hacer glutamato), se encuentra en la harina y en las patatas;

4. la fenilalanina (se utiliza para hacer dopamina), se encuentra en la remolacha, habas de soja, almendras, huevos, carne y cereales;

5. El triptófano (se usa para hacer serotonina), se encuentra en los huevos, la carne magra, el pescado, los plátanos, cacahuetes, dátiles, yogur, leche y queso;

6. la tirosina (que se usa para hacer noradrenalina), se encuentra en la carne, el pescado y las legumbres.

En realidad, existen varios tipos de ácidos grasos omega, además del omega-3, incluido el omega-6. Al ácido graso omega-6 a veces se lo denomina el ácido graso omega «malo», mientras que el omega-3 es el «bueno». Aunque los principales beneficios de los omega-3 sean reducir el efecto contraproducente del omega-6, la realidad no es tan sencilla. El omega-6, que se encuentra en productos como los aceites vegetales, huevos, pollo y cereales, ayuda a mantener la piel sana y favorece la buena coagulación de la sangre. Lo que se necesita es un buen equilibrio entre los omega-3 y los omega-6. La cuestión es que nuestra dieta moderna se ha decantado por los omega-6 con el incremento del uso de los aceites vegetales en la cocina y en los alimentos procesados, a la vez que escasea el omega-3, puesto que tomamos menos aceite de pescado.

---

## HECHOS SOBRE EL CEREBRO

### Cómo vencimos al mono con el pescado

Algunos científicos, como el profesor Michael Crawford, responsable del Institute of Brain Chemistry and Human Nutrition de Londres, creen que fue comer pescado lo que convirtió al *Homo* en *Homo Sapiens*: en otras palabras, que fue el pescado el que nos hizo más inteligentes. Comiendo sólo carne y verduras, el cerebro no podía desarrollarse tanto. Cuando los primeros humanos empezaron a vivir junto al mar y a comer pescado o frutos del mar, quizá los moluscos recolectados de las charcas marinas supusieron tal estímulo para las conexiones entre las células del cerebro que se disparó el desarrollo intelectual.

---

## LAS GRASAS PELIGROSAS

Hay un tipo de grasas insaturadas que son realmente malas: las grasas trans. Las grasas trans se encuentran de forma natural en pequeñas cantidades en la carne y en los productos lácteos. Actualmente, la principal fuente de grasas trans en nuestra dieta es de aceites vegetales que han sido espesados (pasando del estado líquido al sólido) añadiendo hidrógeno, proceso denominado «hidrogenación». Hasta hace poco, estas grasas hidrogenadas se encontraban en grandes cantidades prácticamente en todas las comidas procesadas. A diferencia de las grasas animales, resisten temperaturas altas que hacen que estos alimentos se puedan cocinar muy rápidamente, aumentan su contenido en agua, se conservan más tiempo y son baratos.

Sin embargo, últimamente las investigaciones han revelado

que las grasas trans provocan más enfermedades cardiovasculares que las saturadas, bajando los niveles de colesterol «bueno» (HDL) en la sangre y subiendo los niveles de colesterol «malo» (LDL). Ahora los científicos están encontrando pruebas de que también pueden ser perjudiciales para el cerebro. Según parece, expulsan las grasas buenas como las omega-3, haciendo que las membranas de las neuronas sean más gruesas y rígidas, y por lo tanto, tengan menor capacidad para recibir los neurotransmisores.

Debido a estos problemas, se han prohibido en Estados Unidos. Sin embargo, en Europa siguen siendo uno de los principales ingredientes del pan y de muchos otros alimentos procesados. Algunos fabricantes de la industria alimentaria han empezado a sustituir las grasas hidrogenadas por el aceite de palma, que puede ser igualmente perjudicial. Por lo tanto, es una buena idea tomar menos alimentos procesados, productos de repostería y panes industriales si quieres evitar los efectos perjudiciales de estos aceites artificiales.

## LOS NUTRIENTES PARA EL PENSAMIENTO Y EL SENTIMIENTO

Las vitaminas son sustancias químicas que en pequeñas cantidades son vitales para la salud. Las deficiencias en cualquiera de ellas pueden provocar problemas de salud graves. En el caso del cerebro, el grupo denominado vitaminas B es especialmente importante. Se cree que este grupo de vitaminas bajan el nivel de homocisteína, una proteína de la sangre vinculada con las enfermedades cardiovasculares, así como con el alzheimer y otros tipos de demencias, mientras que el tipo de vitamina B denominada ácido fólico también puede ayudar a prevenirlo, puesto que actúa con los ácidos grasos del cerebro.

Las vitaminas B a veces también se denominan los «nutrientes del pensamiento y del sentimiento», por el importante papel que desempeñan en nutrir el sistema nervioso. Existen al menos diez grupos, y trabajan para conservar la buena comunicación entre las células nerviosas. Muchas ayudan a formar neurotransmisores.

La deficiencia de vitaminas B se asocia a múltiples problemas de la salud cerebral. Una deficiencia prolongada de $B_1$ puede conducir a la psicosis e incluso reducir el nivel de inteligencia. Los suplementos de $B_3$ pueden aliviar las migrañas y dolores de cabeza, y se utilizan para tratar la esquizofrenia. La $B_5$ a veces se la conoce como la «vitamina antiestrés» por su función para controlar la adrenalina. También se cree que favorece la memoria.

La vitamina B que es especialmente interesante en lo que al envejecimiento del cerebro se refiere es la $B_{12}$, que ayuda a formar la capa de mielina que aísla los nervios. Varios estudios han demostrado que las personas que tienen alzheimer suelen tener niveles bajos de $B_{12}$, mientras que otros estudios han demostrado que las personas con niveles bajos de dicha vitamina son más propensas a desarrollar esta enfermedad. Cada vez se están consiguiendo más pruebas de que la $B_{12}$ puede proteger del alzheimer. También puede aumentar la memoria.

A medida que nos vamos haciendo mayores, podemos perder parte de nuestra capacidad para absorber la vitamina $B_{12}$ de la comida, especialmente si usamos antiácidos o bebemos alcohol con frecuencia. Una de cada 200 personas mayores tiene una deficiencia de las secreciones gástricas necesarias para absorber esta vitamina. En tales casos, un doctor puede recomendar inyecciones de $B_{12}$ para compensar el déficit. Algunos médicos también recomiendan que los adultos de más de 50 años tomen alimentos con un suplemento de vitamina $B_{12}$.

No obstante, para la mayoría de las personas, la $B_{12}$ que se encuentra normalmente en los alimentos es suficiente. De hecho, aumentar la ingesta de esta vitamina en la dieta puede bastar para invertir los lapsus de memoria y pequeños problemas de coordinación y equilibrio. A veces, simplemente supone comer mucho pescado, casquería, cerdo y huevos. Puesto que la $B_{12}$ necesita ácido fólico para trabajar correctamente, también vale la pena comer alimentos ricos en dicho componente, como plátanos, naranjas y limones, verduras de hoja verde y lentejas.

### Alimento para el cerebro

*Fuentes de vitaminas B*

1. $B_1$ (tiamina): **cereales integrales y productos de cereales enriquecidos como el pan, arroz, pasta, cereales reforzados y cerdo.**
2. $B_5$ (ácido pantoténico): **carne, pollo, pescado, cereales integrales, verduras, legumbres y fruta.**
3. $B_6$ (piridoxina): **pollo, pescado, cerdo, hígado, riñones, frutos secos y legumbres.**
4. $B_{12}$ (cianocobalamina): **huevos, carne, pescado y aves.**
5. **Ácido fólico: verduras de hoja verde, plátanos, naranjas, limones, melón cantalupo, fresas y lentejas.**

## PODER DE LOS MINERALES

Además de las vitaminas, el cerebro también necesita una serie de minerales. El calcio, tan necesario para los huesos, también desempeña una función vital en la transmisión de las señales nerviosas, igual que el potasio y el sodio. Puesto que la mayoría de las personas ingieren demasiado sodio en sus dietas en forma de sal, es necesario compensarlo con más potasio *(para fuentes, véase más abajo)*. El cinc también es importante para la función cerebral. Puede que tengas una deficiencia si tu dieta es demasiado rica en hierro o si fumas, bebes o tienes estrés. Otros elementos importantes para el cerebro pero que se necesitan en pequeña cantidad son el manganeso, el cobre y el selenio.

**Alimento para el cerebro**

*Fuentes de minerales*

1. **Magnesio: cereales integrales, legumbres, frutos secos, sésamo, higos secos.**
2. **Potasio: albaricoques, aguacates, plátanos, melones, pomelos, kiwis, naranjas, fresas, ciruelas, patatas, legumbres, carne, pescado.**
3. **Calcio: pescado con espinas comestibles, semillas de sésamo.**
4. **Cinc: ostras, carne roja, cacahuetes, pipas de girasol.**
5. **Selenio: carne y pescado, nueces de Brasil (macadamia), aguacates, lentejas.**
6. **Manganeso: frutos secos, cereales, arroz integral, legumbres.**
7. **Cobre: casquería, frutos del mar como ostras, frutos secos y semillas, setas y coco.**

## CURRY PARA EL PENSAMIENTO

Estudios recientes realizados por Greg Cole de la UCLA indican que el curry puede ser tan bueno para el cerebro como el aceite de pescado. El equipo de Cole descubrió que los ratones a los que se les había dado el ingrediente DHA del ácido graso omega-3 estaban parcialmente protegidos contra el alzheimer. Luego, el equipo alimentó a los ratones con la misma cantidad de curcumina, ingrediente de una de las especias del curry denominada cúrcuma, que en la India una persona normal ingiere cada día. Descubrieron que ofrecía la misma protección contra el alzheimer que el DHA.

## Alimento para el cerebro

### Agua

El cuerpo está compuesto por aproximadamente un 75 por ciento de agua, y ésta es vital para el funcionamiento de cada una de sus partes, incluido el cerebro. Beber mucha agua favorece la buena salud en general, así como la mental. El ideal es beber 2 litros/8 vasos de agua repartida a lo largo del día, junto con una buena actividad física.

## ¡CÓMETE LAS VERDURAS!

La sabiduría popular siempre nos ha dicho que comiéramos verduras, y las nuevas investigaciones nos dan la razón. Un estudio de 10 años de duración, con más de 13.000 enfermeras estadounidenses de 60-65 años, demostró que las que comían más verduras, experimentaban un menor declive según una serie de pruebas de memoria y aprendizaje a las que fueron sometidas. De hecho, cuantas más verduras comían, mejor era su rendimiento. Las verduras clave eran el brécol, la coliflor, la lechuga y las espinacas.

## ¡TINTO, VINO TINTO!

Últimamente, una serie de neurocientíficos han estado alabando los beneficios del vino tinto, o más bien de un ingrediente clave del mismo denominado resveratrol. El científico italiano Alessandro Cellini descubrió que los peces que tomaban grandes dosis de resveratrol vivían un 60 por ciento más, y cuando a las 12 semanas morían los otros peces a causa del envejecimiento, estos peces Matusalén todavía tenían la agilidad mental de los peces jóvenes. El resveratrol parece proteger las células del cerebro de los peces contra el declive de la edad.

Estudios similares demuestran que el resveratrol es un antioxidante, que protege las células eliminando los radicales libres, mientras que otros demuestran que en realidad fomenta el crecimiento de las células nerviosas. Un grupo de investigadores incluso ha sugerido que 1 o 2 vasos de vino tinto al día puede aumentar las conexiones neuronales hasta siete veces. Hasta puede proteger contra el alzheimer. ¡Eso sí que son buenas noticias! ¡A tu salud!

# 7

# Acaba con el estrés, cura la mente

*En momentos de estrés, sé atrevido y valiente.*

HORACIO

El ritmo y las presiones de la sociedad actual hacen que muchas personas vivan en un estado de ansiedad y estrés permanente. ¿Con cuántas personas has hablado durante la semana pasada que se quejaban de estrés? Probablemente, con más de una. La preocupación puede ser adictiva cuando adquieres la costumbre de preocuparte por todo, ya sea por tu familia, trabajo, salud, finanzas, el estado de la nación, la situación mundial... ¡Cuando empiezas, la lista puede ser interminable! Por desgracia, además de interferir con tu habilidad para recordar cosas, los niveles crónicos de estrés pueden envejecer prematuramente tu cerebro. Por consiguiente, es vital que puedas superar los niveles de estrés en tu vida y encontrar formas de hacer frente a las situaciones que ésta te plantea de la manera más constructiva y positiva posible. Este capítulo revisa los efectos del estrés sobre el cuerpo y la mente y los pasos que puedes dar para mantenerlos bajo control.

Todos nacemos con una respuesta instintiva a las situaciones engañosas: la respuesta del estrés. Siempre que nos enfrentamos a una situación peligrosa, el cerebro instantáneamente pone al cuerpo en acción. Un estallido rápido de impulsos nerviosos a los músculos apropiados hace que esquivemos, nos cubramos la cabeza, nos salgamos de enmedio o hagamos lo que sea más apropiado. Al mismo tiempo, el cerebro envía una señal de alarma a las glándulas suprarrenales que están encima de los riñones. Esto desencadena dos hormonas, la adrenalina y la noradrenalina, que salen inmediatamente de dichas glándulas y se vierten en el torrente sanguíneo. Hay una tercera, el cortisol, que sale un poco más tarde.

## LISTO PARA LA ACCIÓN

La adrenalina y la noradrenalina preparan al cuerpo para las emergencias. Podemos hacer frente a muchas situaciones o bien enfrentándonos a la amenaza o bien huyendo. Esto es lo que se denomina la respuesta de «luchar o huir». Las hormonas incentivan el suministro de oxígeno y energía al cuerpo, vertiendo más glucosa a los músculos y bloqueando los procesos corporales que pueden distraer de la situación, por ejemplo, hacer la digestión.

### Adrenalina y noradrenalina

1. Hacen que el corazón lata más rápido y con fuerza.
2. Potencian el aporte de sangre a los músculos.
3. Interrumpen el suministro de sangre a la piel, empalideciéndote.
4. Aceleran la respiración y hacen que respires más profundamente para llevar más oxígeno a los músculos.

5. **Te hacen sudar.**
6. **Hacen que las pupilas se dilaten y te ayuden a ver mejor.**

## Cortisol

1. **Prepara tu cuerpo para los efectos posteriores al peligro (como las lesiones).**
2. **Desbloquea la energía de la grasa.**
3. **Moviliza los aminoácidos para reparar las células lesionadas.**
4. **Ayuda a reducir el dolor, que es una de las razones por las que podemos tardar un rato en notar el dolor de una herida.**

Esta reacción puede salvarnos la vida en un momento de peligro. Puede darnos un poder sobrehumano para ahuyentar a un perro agresivo que está atacando a nuestro hijo, o para salir corriendo cuando vemos que un coche está a punto de explosionar. El problema es que la mayoría de las situaciones estresantes en las que nos encontramos no requieren una reacción física sobrehumana de este tipo. Aunque puedas desear salir corriendo cuando te encuentras ante la situación de dar una conferencia delante de una gran audiencia, ¡has de quedarte donde estás y hablar con elocuencia!

## ESTRÉS Y ENVEJECIMIENTO CEREBRAL

La respuesta del estrés puede ser un problema si siempre se desencadena, aunque no exista un peligro real, por ejemplo, cuando pierdes un tren, cuando falla tu conexión a internet o alguien te borra sin querer tu película favorita. También puede interferir cuando eres el tipo de persona que se preocupa por todo continuamente. Cuando sucede esto, las hormonas de respuesta al estrés empiezan a funcionar, sólo que, como no tienen a dónde ir, el resultado es el estrés crónico. Es eso lo que has de evitar.

El estrés crónico puede tener muchos efectos perjudiciales sobre el cuerpo, y últimamente se ha demostrado que también tiene un efecto directo en el ritmo de envejecimiento del cerebro. Según parece, esto funciona a través del cortisol. El envejecimiento hace que las células cerebrales del hipocampo respondan menos al cortisol y, por consiguiente, tengan menos control sobre los niveles de las hormonas del estrés.

También hay más pruebas de que el cortisol, especialmente el glucocorticoide, puede tener un efecto directo sobre el envejecimiento del cerebro. El estrés y el envejecimiento parecen ser las dos caras de la misma moneda: el estrés envejece el cerebro, y los signos de estrés crónico en el cerebro, muchas veces no se pueden distinguir de los del envejecimiento. La exposición prolongada a los glucocorticoides también reduce la capacidad de las células del cerebro para redirigir las conexiones a otras células cerebrales o para crear nuevas conexiones. El problema es especialmente agudo en el hipocampo, la región del cerebro que se encarga de los recuerdos. Esto probablemente explique la razón por la que demasiado estrés puede interferir en tu memoria. Los glucocorticoides, a niveles elevados, pueden matar las células del cerebro en animales de laboratorio, y se cree que lo mismo les sucede a los seres humanos.

Esta es la razón por la que es esencial reducir los niveles de estrés en nuestra vida para detener el envejecimiento del cerebro y conservar nuestra memoria.

## ¿Puede la preocupación envejecer el cerebro?

Estudios recientes indican que las personas que se preocupan tienen más lapsus de memoria y de habilidad mental relacionados con el envejecimiento, especialmente con el alzheimer. El doctor Robert Wilson, del Rush Alzheimer's Disease Center de Chicago, estudió a un grupo de monjas, sacerdotes y monjes mayores durante más de cinco años. Descubrió que los que daban niveles más elevados de neurosis tenían el doble de probabilidades de desarrollar alzheimer que los que los tenían bajos. Los de niveles altos también eran más propensos a tener declives de memoria, aunque no llegaran a desarrollar alzheimer.

> «Si me preguntaras cuál es la clave para la longevidad, respondería que evitar la preocupación, el estrés y la tensión. Y si no me lo preguntaras, te lo diría igualmente.»
>
> GEORGE F. BURNS, centenario
> (Cómico norteamericano, 1896-1996)

## CUESTIÓN DE EQUILIBRIO

Antes de decidir pasar el resto de tu vida estirado en estado de coma en una playa, te recomiendo que no lo hagas. Lo creas o no, cierto grado de estrés en la vida diaria es bueno para la salud: ir a bodas, ver partidos de fútbol o incluso conocer gente nueva. Aunque todo ello pueda ser bastante agotador, estos contrastes son los que hacen que valga la pena vivir la vida. Una dosis correcta de estrés hace que te mantengas alerta, y te ayuda a estar centrado y motivado. El estrés también puede endurecerte mentalmente y ayudarte a afrontar situaciones complejas. Los problemas sólo emergen cuando estás bajo una presión constante y nunca llegas a recuperarte entre una situación y otra.

El científico británico Steven Rose, en sus investigaciones, descubrió que mientras la exposición a largo plazo a niveles altos de cortisol perjudicaba el hipocampo, la dosis correcta podía favorecer el aprendizaje y la memoria. Rose describió que a sus pollitos de laboratorio los mantenían en parejas para evitar estresarlos. Si de pronto separaban a una pareja, aumentaba su nivel de corticoesteroides en la sangre y mejoraba su nivel de retención y de memoria.

Últimamente, algunos científicos se han interesado por la «hormesis». Es la teoría de que en pequeñas dosis, «elementos estresantes» como venenos, radiación y calor pueden mantenerte vivo más tiempo. Esta teoría supone que cuando el cuerpo está expuesto a estos elementos estresantes, se excede en su trabajo reparador, con las proteínas de choque térmico y las enzimas de primeros auxilios del ADN, y repara las células deterioradas por el envejecimiento.

Los investigadores de la Universidad Johns Hopkins de Baltimore observaron un efecto similar en 28.000 trabajadores de una planta nuclear. Descubrieron que el índice de mortandad era un 24 por ciento *inferior* que el de otro grupo similar que no trabajaba en una planta nuclear. Otro investigador también descubrió que los radiólogos vivían más que otros médicos. Todo esto nos da a entender que la exposición a niveles bajos de factores estresantes, como el veneno y la radiación, pueden alargar la vida, siempre que se tengan en las dosis correctas. La dificultad, por supuesto, es saber qué estresantes actúan mejor con los seres humanos y en qué dosis.

(Algunos investigadores arguyen que el mejor factor puede ser un nivel de hambre moderada, ¡aunque quizá no sea la opción más popular!)

Entonces, ¿qué podemos hacer para equilibrar el estrés en la vida?

## ENFATIZA LO POSITIVO

Una de las mejores formas de mantener la calma y la concentración es buscar lo positivo de cada situación, buscar la solución en lugar de ver el problema. Si tienes una tendencia a ver los pequeños inconvenientes como grandes desastres, te estás exponiendo a un estrés innecesario. Si siempre exageras la gravedad de un problema, por ejemplo: «Si no cumplo con esa fecha tope, no me van a pagar, y si no me pagan, cómo voy a arreglar los desagües, y si no arreglo los desagües, cómo voy a tener la casa limpia, y si no tengo la casa limpia...», entonces estarás usando tu valioso poder del pensamiento preocupándote de un problema y alargándolo cuando en realidad podrías estar resolviéndolo. Los psicólogos llaman a esto «catastrofismo».

Haz la siguiente prueba para ver si eres un pensador positivo. Simplemente, responde «sí» o «no» a las siguientes preguntas:

1. Me gusto.
2. Merezco cariño.
3. Soy bueno.
4. Veo mis puntos débiles y los fuertes objetivamente.
5. Rara vez me critico.
6. Tengo tanto derecho como cualquiera a ser feliz.

7. Tengo las mismas probabilidades de encontrar la felicidad que cualquier otra persona.
8. Si alguna vez fracaso, siempre puedo volver a intentarlo.

Ahora responde a éstas:

1. Tengo la costumbre de hacer afirmaciones dramáticas como: «Nunca nadie me pide algo» o «Siempre lo hago mal».
2. Suelo ver las limitaciones de mi éxito.
3. No vale la pena empezar nada si no vas a terminarlo.
4. A veces sé exactamente lo que piensa otra persona.
5. Muchas veces pienso que la vida no es justa.
6. Muchas veces pienso que la gente es muy crítica.

Idealmente, deberías haber respondido «sí» a la mayor parte de las preguntas del primer grupo y «no» a las del segundo. Sin embargo, si ha sido al revés, has de dar algunos pasos para romper con tus hábitos negativos. ¿Cómo puedes cambiar? Puedes empezar con estas ideas básicas.

- **Piensa en una serie de tareas sencillas que puedas hacer cada día —limpiar el espejo del baño, vaciar la basura, por ejemplo—, y hazte una nota mental para alabarte cuando las hagas. Olvida lo que no hayas hecho bien. Procura que al principio de esta práctica las tareas sean muy sencillas, cuanto más fáciles mejor.**
- **Justo antes de acostarte, escribe o recuerda mentalmente tres cosas buenas que te hayan pasado durante el día.**
- **Evita conjeturar sobre los motivos de las personas; responde sólo a lo que hagan o digan.**

## SIGUE SONRIENDO

Otra forma rápida de reducir el estrés es simplemente siendo feliz. Los científicos ya han descubierto que una actitud positiva puede reducir a la mitad las posibilidades de que los hombres mayores padezcan alguna enfermedad cardiovascular; incluso puede disminuir las de perder capacidad auditiva. En un estudio con personas centenarias de Nueva Inglaterra se demostró que lo que tenían en común era una buena disposición.

Parece ser que el optimismo y una buena disposición ante la vida protegen el cerebro de los efectos negativos del envejecimiento. Si eres feliz, eres brillante durante más tiempo; ¡eso basta para hacer sonreír a cualquiera!

### El éxito aniquila el estrés

*Quien nunca ha cometido un error, es porque nunca
ha probado nada nuevo.*
ALBERT EINSTEIN

Todos tenemos metas, ambiciones y objetivos, tanto si se trata de aprender a tocar el piano como de bailar el tango. Todos sabemos que hemos de conseguirlo poco a poco, aprendiendo y avanzando. ¿Cuál es la meta última de cada etapa? ¿Cuál es la meta fundamental que reúne todas las etapas del proceso de aprendizaje?

Durante 30 años he planteado esta pregunta a miles de estudiantes, y curiosamente todos respondían lo mismo: «Mejorar en cada prueba». Esto parece tan evidente y cierto que pocas personas se lo llegan a plantear. Sin embargo, es una auténtica receta para el fracaso y para el estrés continuado que con el paso de los años acabará repercutiendo en nuestro cerebro.

Puede que tengas éxito la primera vez. Puede que también lo tengas la segunda. Sin embargo, tarde o temprano, tendrás que enfrentarte a algún contratiempo. Mejorar en cada prueba es imposible.

La clave del éxito es ejercitarse en trabajar y aprender como lo hace el cerebro, y eso se consigue mediante el *feedback* (o retroalimentación) y el ajuste continuo. La cuestión es que nunca fracasamos; simplemente *recibimos feedback* (una respuesta) que nos ayuda a seguir adelante.

Ésta es la estrategia para el éxito. Yo la llamo por sus siglas PAFRAE:

1. **Prueba**
2. **Acontecimiento**
3. ***Feedback***
4. **Revisión**
5. **Ajuste**
6. **Éxito**

**Prueba**: has de empezar probando algo, tanto si se trata de lanzar una pelota en tu primer intento de hacer malabarismos como de probar un ordenador nuevo.

**Acontecimiento**: cuando haces una Prueba, sucede algo: un Acontecimiento. Se te puede caer la pelota o quedar colgado el ordenador.

***Feedback***: el Acontecimiento te dará una información que no tenías antes: esto es el *Feedback*, cuando ves que tu mano no ha sabido atrapar la pelota, por ejemplo.

**Revisión**: comparas el *Feedback* con lo que habías hecho antes. Tu cerebro revisará cómo has lanzado la pelota, por ejemplo.

**Ajuste:** utilizando el *Feedback* y la Revisión, estás Ajustando tu estrategia para el siguiente intento.

**Éxito:** esta vez lo haces mucho mejor. Puede que tengas Éxito en atrapar la pelota. Aun así, esto no es más que otra Prueba, y con cada Prueba se produce un Acontecimiento, más *Feedback*, más Revisión y más Ajuste. Has descubierto que la pelota te hizo daño en la mano al cogerla. La próxima vez harás los Ajustes necesarios.

¡Pensando en el marco de PAFRAE, viendo cada paso como un mero *feedback* que has de revisar, ajustar y seguir avanzando, erradicas el estrés y disfrutas del éxito!

## FÍJATE LAS METAS CORRECTAS

Te voy a pedir que hagas algo que al principio parece que no tiene nada que ver con el estrés... Ten paciencia y ya lo verás. Siéntate durante unos minutos en paz y silencio e intenta imaginarte un día perfecto dentro de algunos años, con los máximos detalles posibles, desde el principio hasta el final. Puede ser tan extravagante y fantástico como te apetezca. Disfruta. Puedes imaginarte en una playa tropical tomando cócteles, o puedes estar bebiendo en el hoyo 19, tras una partida perfecta de golf. No importa, deja volar tu mente.

En el *coaching* se suele hablar de la necesidad de fijarnos metas para progresar en la vida. Escribe tus metas de estos momentos:

- **¿Qué quieres conseguir en los próximos siete días?**
- **¿Qué quieres conseguir en los próximos siete meses?**
- **¿Qué quieres conseguir en los próximos siete años?**

Ahora piensa en ese día perfecto que has imaginado, ¿de qué forma se acercan las metas que te has fijado a hacer realidad ese sueño?

Si eres como la mayoría de las personas, puede que ahora estés algo conmocionado. ¡Tus metas ni tan siquiera parecen acercarte a ese día perfecto!

Raj Persaud, en su libro *The Motivated Mind*, cita a un cliente cuya meta principal en la vida era ser novelista. Estaba frustrado porque nunca podía terminar el libro. Cuando el doctor Persaud le preguntó cuál era su día perfecto, éste estaba relacionado con playas tropicales, marcar el gol ganador para la Copa del Mundo y ser tratado como una celebridad. No había nada literario en ello. Era evidente que, en realidad, no quería ser novelista. Sus fantasías revelaban lo que quería de verdad. Entonces, no es de extrañar que se sintiera frustrado y estresado; simplemente se estaba marcando metas equivocadas y se sentía fracasado por no conseguirlas.

Lo cierto es que el presunto novelista del doctor Persaud podría ser cualquiera de nosotros: no sabemos identificar nuestras verdaderas metas en la vida y terminamos estresados persiguiendo objetivos que creemos que deberíamos tener. Cuando sabemos lo que realmente queremos, podemos avanzar en la dirección correcta. Entonces, la vida se vuelve mucho más sosegada.

## RELÁJATE

Relajarse es una gran forma de combatir el estrés. Además de dar un descanso a tu cuerpo, relaja y restaura la mente. Cuando te relajas, el cerebro tiene la oportunidad de archivar la información que has estado usando. Piensa en ello como si estuvieras ordenando tu casa: tu cerebro necesita ponerlo todo en orden para poder encontrar lo que busca fácilmente. En general, cuando estás demasiado ocupado para detenerte a pensar, te olvidas de las cosas, todo se almacena en tu biblioteca mental y tu cerebro no sabe dónde encontrar la información. Cuando preparas con prisa la maleta para irte de vacaciones con la familia ¡resulta que te olvidas de algo tan vital como el pasaporte!

Demasiado estrés también puede interferir en tu capacidad para recopilar información y no concentrarte en la tarea que tienes que hacer, pues tu mente tiende a saltar de una tarea o información a otra, en lugar de concentrarse. Una mente relajada es la que se puede concentrar y actuar a la perfección.

Ahora que sabes esto, ¿cómo puedes relajarte?

## RESPIRA

La forma más rápida y eficaz de relajarse es controlando la respiración. Cuando estás estresado y ansioso, la respiración se vuelve superficial y rápida. Esto te pone tenso y refuerza tu ansiedad. Lentificando y profundizando deliberadamente la respiración, puedes estar más calmado y relajado.

Si te das cuenta de que te pones nervioso en algún momento del día, o antes o después de algún acontecimiento tenso, como una entrevista o dar una charla, dedica unos minutos a respirar profundamente. Mejor aún, prueba varias veces al día, y te darás cuenta de que estás más tranquilo y satisfecho.

A algunas personas les va muy bien cantar o hacer ejercicios con la voz para aprender a controlar la respiración. Usar libremente la voz te da más confianza, y te ayuda a eliminar estrés de tu vida.

Para una ración extra, practica inspirar profundamente 6 veces por la nariz y espirar por la boca, contando lentamente hasta 7 en cada respiración. Imagínate que estás lo más relajado posible mientras lo haces.

## ESTÍRATE Y RELÁJATE

Cuando tengas tiempo y espacio para practicar adecuadamente, prueba esto:

1. De pie, con la espalda recta y las piernas separadas, relájate.
2. Gira la cabeza suavemente, primero en un sentido y luego en el otro.
3. Relaja los brazos y gíralos lentamente como si fueran las aspas de un molino, primero uno y luego el otro.
4. Inclínate suavemente, dejando colgar los brazos y la cabeza hacia el suelo. Sacude ligeramente el cuerpo para relajarte. Ahora enderézate despacio, colocando vértebra por vértebra en su sitio, empezando por el cóccix hasta llegar a la cabeza.
5. Vuelve a inclinarte y abrázate. Inspira profundamente por la nariz, intentando inspirar lo más hondo posible, notando la presión que ejercen los pulmones sobre la caja torácica. Espira por la boca y relájate. Repite esto durante 7 respiraciones. Luego, vuelve a enderezarte como lo has hecho antes. Si te mareas, siéntate y relájate un poco.
6. Estírate en el suelo con los pies sobre una silla y la cabeza cómodamente descansando sobre una almohada. Inspira por la nariz, procurando alargar la respiración y que tu zona lumbar entre en contacto con el suelo. Espira lentamente por la boca,

intentando llegar al cielo con tu imaginación. Cuando empieces a espirar, cuenta uno, dos, tres, etcétera, alargando la cuenta hasta donde puedas mientras sigues sacando el aire.

7. Cuando hayas terminado, gírate hacia el lado y levántate lentamente hasta quedarte de rodillas. Por último, ponte de pie igual que has hecho antes.

## MEDITACIÓN

La meditación siempre ha formado parte de la vida espiritual y religiosa, especialmente en Asia. Actualmente, en Occidente cada vez hay más personas que la practican por sus efectos de proporcionar paz mental y reducir el estrés. Se ha confirmado que meditar regularmente es muy saludable, en especial para contrarrestar el envejecimiento del cerebro.

La meditación es desconectar al máximo de los estímulos constantes que nos rodean. A monjes budistas, bien entrenados en este arte, se les han realizado escáneres de su cerebro, y se ha podido observar que son capaces de «desconectar» áreas del cerebro que normalmente están asociadas con la captación de estímulos. En algunos casos, la meditación puede disociar la mente consciente del *feedback* de los sensores corporales que nos dicen dónde se encuentra en el espacio. El resultado puede ser la sensación de flotar o de no tener cuerpo.

Existen innumerables técnicas de meditación; cada persona puede buscar la que mejor se adapte a ella. Muchas prefieren ir a clase, donde el profesor va indicando los pasos. Ésta es una de ellas.

1. Con ropa cómoda y suelta, siéntate relajadamente con la es-

palda recta y las piernas un poco cruzadas. Siéntate con la espalda pegada a la pared si lo necesitas.

2. Cierra los ojos y respira lenta y profundamente desde el abdomen.

3. Transcurridos unos minutos, estira los dedos y con los brazos flexionados coloca las manos paralelas delante de ti, con los dedos hacia arriba.

4. Intenta imaginar que atraes la «energía del universo» a través de las puntas de los dedos.

5. Ahora concéntrate en el espacio que hay entre tu nariz y tu labio superior y no trates de controlar tu mente. Simplemente, afloja el control y deja que los pensamientos entren y salgan a su aire.

6. Al cabo de 5 a 10 minutos, di «Gracias» y deja que ese agradable sentimiento de gratitud invada todo tu ser.

7. Abre lentamente los ojos y levántate sin prisas.

## VISUALIZACIÓN

No hay nada como la imaginación para cautivar tu mente, y fomentar el estrés y la ansiedad o terminar con ellos. Las películas, libros y juegos pueden estimular la imaginación y afectar a tus niveles de estrés. Cada persona se relaja entrando en su mundo imaginario particular.

En tu imaginación no eres un observador pasivo, en tu viaje cualquier película o novela que te montes te incluye a ti; puedes utilizar la imaginación para diseñar tu propio viaje y que te ayude a relajarte, utilizando una técnica de visualización. Difiere del soñar despierto en que esta técnica puedes controlarla.

Prueba esto:

1. **Busca un lugar donde nadie te moleste.**
2. **Siéntate cómodamente con la espalda erguida y cierra los ojos.**
3. **Respira lenta y profundamente.**
4. **Imagina una escena en que seas totalmente feliz y estés relajado; por ejemplo, una playa tropical, una chimenea encendida o un claro en el bosque.**
5. **Imagínatelo con todos los detalles posibles. Busca en tu mente y estudia los colores, huele los aromas y escucha los sonidos.**
6. **Sé consciente del tiempo: el calor del sol o del fuego en tu rostro, la suave brisa en tu pelo.**
7. **Siempre que necesites relajarte, recuerda esta escena en tu mente.**

Cuando te hayas habituado a esto, también puedes hacer lo contrario y visualizarte tranquilo en situaciones en las que sueles estar estresado.

1. **Siéntate y relájate como antes.**
2. **Imagina la situación engañosa que te preocupa.**
3. **Imagínate a alguien que se parezca a ti haciendo frente a esta situación de forma gloriosa, realizándolo todo a la perfección.**
4. **Imagínate este éxito con el máximo de detalles posible, proyectando toda la película: las vistas, olores, sonidos, quién está allí, etcétera.**
5. **Construye la imagen del éxito de tu doble virtual hasta el absurdo.**

6. Ahora, imagínate entrando en tu cuerpo virtual.
7. Vuelve a proyectar toda la escena contigo incluido, hasta que el héroe o la heroína estén firmemente establecidos en tu mente.

## AUTOHIPNOSIS

La autohipnosis también puede ser una buena forma de conseguir un estado mental más relajado. Este ejercicio se realiza en el plan de 7 días para poner a punto tu mente; pronto lo aprenderás y disfrutarás de sus relajantes beneficios.

Aquí tienes cómo:

1. Busca un lugar y un momento tranquilo del día donde nadie te moleste, y échate o siéntate con los brazos y las piernas estirados.
2. Concéntrate en respirar lenta y profundamente, inspirando a través de la nariz y espirando por la boca.
3. Concéntrate en un punto en el cielo raso o en la pared que tienes delante.
4. Empieza a contar hacia atrás muy despacio.
5. Recorre tu cuerpo mentalmente desde la cabeza hasta los pies, diciéndole a cada parte que se relaje por completo.
6. Ahora imagina una calma especial, un lugar cómodo, como un hermoso jardín o una laguna de agua termal en algún paraíso tropical al atardecer.
7. Imagina que desciendes 10 peldaños para ir al jardín o a la laguna, contando cuidadosamente cuando lo haces.
8. Cuando llegues al final, mira a tu alrededor e intenta imaginar las hermosas y relajadoras sensaciones.

9. **Ahora, imagina que haces frente a todos los problemas de la vida con calma, confianza, de forma relajada. Imagínalo con todo detalle.**

10. **Repite los pasos previos varias veces; cada vez terminas diciéndote: «Mi calma y confianza van en aumento».**

11. **Por último, cuando hayas terminado, cuenta lentamente del 10 al 1, diciéndote: «Muy bien, ya me puedo despertar».**

12. **Ahora despierta, más tranquilo y con seguridad en ti mismo.**

## DORMIR

Dormir lo suficiente es tan importante como tener tiempo libre para relajarse. Una buena noche de sueño es esencial para mantener en forma el cerebro y que pueda enfrentarse al nuevo día bien ágil. La persona media necesita entre 6 y 8 horas de sueño nocturno (aunque también es cierto que necesitas algo menos si eres mayor; otra ventaja de la edad). El estrés y la falta de sueño suelen alimentarse mutuamente, puesto que el estrés hace que te cueste más dormir y, a su vez, la falta de sueño provoca estrés. Con el tiempo, dormir poco también puede interferir en el rendimiento de la memoria, ¡algo que es evidente que quieres evitar! Si no duermes bastante, intenta acostarte 30 a 60 minutos antes de lo acostumbrado durante unos días. Esto suele bastar para recuperar la falta de sueño.

No obstante, si padeces insomnio mejor que consultes a tu médico. Es probable que ya le esté afectando a tu capacidad para recordar y recuperar información, y si te estás esforzando en mejorar tu memoria, este bien podría ser la causa de tu problema. Períodos prolongados de falta de sueño pueden agotar el sistema inmunitario, hacerte más propenso a los accidentes e incluso causarte depresión; también puede reforzar una visión más negativa de la vida, lo cual, como ya hemos comentado, puede contribuir a tu carga de estrés. La buena noticia es que tu memoria y estado de ánimo mejoran automáticamente cuando duermes bien. Arregla tus problemas de sueño, y todo lo demás se pondrá en su sitio.

Puesto que el control del estrés es tan importante para incrementar el poder de tu cerebro, el plan de 7 días para aguzar la mente y el plan de 7 semanas para mantener la mente en forma incorporan técnicas de relajación. Si no tienes la costumbre de dedicar un tiempo a relajarte, ponlo en tu lista de prioridades. Incluso 1 o 2 minutos de respiración profunda pueden empezar a obrar maravillas. Con frecuencia, las mejores ideas y recuerdos llegan cuando estás en un estado de relajación, pues es en esos momentos cuando el cerebro almacena, procesa y proyecta la información que ha recibido. Ahora dedica un tiempo a esto y deja que tu mente procese la información de este capítulo y la manera en que empezarás a utilizar las técnicas para erradicar el estrés. Luego vuelve al libro, relajado, fresco y dispuesto a empezar el plan de 7 semanas para mantener tu mente en forma.

# 8

# El plan de 7 semanas para mantener tu mente en forma

El plan de 7 días para poner a punto tu mente que seguiste en el capítulo 4 estaba pensado para activar rápidamente tu cerebro y hacer que empezara a trabajar. El plan de 7 semanas para mantener tu mente en forma se basa en el progreso que ya has realizado y que ha de aportarte un nuevo nivel de agilidad mental.

Empieza lo antes posible tras completar el primero. Para obtener mejores resultados has de dedicar 1 día a la semana durante 7 semanas. Idealmente, dedica el mismo día y hora cada semana, esto te ayudará a coger el ritmo. Puede que el mejor momento sea durante el fin de semana. Si no puedes dedicar todo el tiempo que necesitas en una sola sesión, desglósala en sesiones más llevaderas a lo largo de la semana. De cualquier modo, para sacar el máximo rendimiento del programa procura completar las tareas dentro de la misma semana. Si interfieren circunstancias que te impiden seguirlo semana a semana, simplemente haz todo lo que puedas para ceñirte en la medida de lo posible al programa. Aun así, seguirás beneficiándote del plan aunque no puedas trabajar en él de forma intensiva.

Cada semana se te dará una tarea para que trabajes o hasta que llegues a la siguiente parte del programa. Al mismo tiempo que cada semana desarrolles una habilidad en concreto, esta tarea te ayudará a que adquieras la costumbre de realizar juegos para ampliar tu capacidad mental diariamente. A medida que vayas avanzando cada semana, piensa también en qué técnicas rápidas del capítulo 3 puedes utilizar para mejorar tu rendimiento. El Mapa Mental que dibujaste al final de dicho capítulo para resumir todas las técnicas debería ayudarte.

Cada una de las 7 preguntas se concentra en un área particular de la memoria o técnica para poner a punto tu mente:

| | | |
|---|---|---|
| **Semana 1** | **Técnicas rápidas**<br>**— Recordatorio** | **2 horas** |
| **Semana 2** | **Memoria a corto plazo** | **2 h y 50 min** |
| **Semana 3** | **Memoria a largo plazo** | **2 h y 55 min** |
| **Semana 4** | **Memoria a largo plazo** | **2 horas** |
| **Semana 5** | **Memoria y concentración** | **2 h y 15 m** |
| **Semana 6** | **Habilidades lógicas y espaciales** | **2 h y 15 min** |
| **Semana 7** | **Potenciador de la creatividad** | **2 h y 40 min** |

Por último, y lo más importante, asegúrate de que disfrutas con el programa, ¡piensa en él como una aventura con tu mente! Cuanto más te diviertas, más te beneficiarás; es mucho más fácil aplicarse con algo cuando lo encuentras divertido.

# ¿Cuánto ha mejorado tu mente?

Antes de empezar el programa, veamos qué progresos has hecho.
Date una puntuación del 1 (fácil) al 5 (tienes un problema real)
respecto a la dificultad que tienes para recordar las cosas.

### Recordar nombres

☐ De alguien que acabas de conocer
☐ Amigos
☐ Familiares
☐ Lugares donde has estado, como restaurantes
☐ Títulos de libros y películas que hayas leído/visto

### Recordar números

☐ Tu número del DNI
☐ Cuenta bancaria
☐ Teléfonos de familiares
☐ Teléfonos nuevos
☐ Hacer sumas sencillas

### Recordar fechas/tareas

☐ Cumpleaños y aniversarios
☐ Citas
☐ Tareas domésticas

### Recordar

☐ Dónde has puesto las cosas (llaves, controles remotos,
etc.)
☐ Dónde has aparcado el coche
☐ Instrucciones

## Recordar historias

☐ Lo que viste anoche en la televisión, leíste en el periódico, etcétera.

☐ Lo que acabas de decir

☐ Lo que acaba de decir otra persona

☐ La palabra apropiada

*Suma tus puntuaciones y a ver qué resultado has obtenido:*

**20-30** ¡Felicidades! No tienes problemas de memoria. Sigue buscando nuevos retos para mantener tu cerebro en condición óptima. Sigue el plan de 7 semanas para mantener tu mente en forma que te servirá para ampliar y estimular tu capacidad mental.

**31-40** ¡Lo has hecho muy bien! Sigue el plan de 7 semanas para mantener tu mente en forma, a fin de superar los pequeños lapsus de memoria.

**41-60** ¡Bastante bien! Aunque tienes problemas de memoria leves, puedes mejorar y aspirar a más. Sigue el plan de 7 semanas para mantener tu mente en forma a fin de aumentar tu rendimiento y despertar al genio que llevas dentro.

**61-80** Estás haciendo progresos. Has de ser constante en el programa puesto que todavía tienes dificultades moderadas para recordar. Antes de empezar el plan de 7 semanas para mantener tu mente en forma, vuelve al capítulo 3 y revisa las técnicas rápidas. Si todavía no las tienes muy claras, esa podría ser la razón de tu bajo rendimiento. La segunda parte de esta evaluación también te ayudará a identificar cualquier causa debido al estilo de vida que podría afectar a tu capacidad para recordar las cosas.

**81-100**  Todavía tienes problemas graves de memoria. Vuelve al capítulo 3 y asegúrate de que entiendes y aprendes todas las técnicas rápidas, puesto que el conocimiento y la aplicación de ellas deberían mejorar tu puntuación. La segunda parte de esta evaluación también te ayudará a identificar qué estilo de vida podría estar afectando a tu capacidad para recordar. Empieza el plan de 7 semanas para mantener tu mente en forma lo antes posible para superar estos graves problemas de memoria.

Ahora compara tus resultados con las pruebas que hiciste al principio del libro. ¿Has mejorado en términos generales? ¿Dónde has progresado más? ¿Hay áreas que todavía has de trabajar?

## ¿QUÉ ÁREAS NECESITAS TRABAJAR TODAVÍA?

Si en general te va bien, ¡enhorabuena! No hay nada más satisfactorio que saber que estás progresando. La belleza del cerebro es que cuanto más lo usas, más ágil se vuelve, y cuanto más despierto, más te puedes divertir con cualquier cosa que realices, ya sea generar ideas, resolver problemas, investigar o realizar operaciones matemáticas. De hecho, cuanto más lúdico eres en tu vida diaria, menos te cuesta estar mentalmente ágil y en forma.

Si todavía tienes que esforzarte para recordar cosas, a pesar del plan de 7 días para poner a punto tu mente, identifica las áreas en las que has mejorado. Si has tenido problemas de memoria durante algún tiempo, probablemente te costará más volver a la normalidad. Una persona que no esté en forma necesitará más entrenamiento para correr los 200 metros lisos en un buen tiempo; del mismo modo, un cerebro que no esté en forma puede necesitar más tiempo para normalizarse. Es posible que también haya otras influencias externas o factores relacionados con el estilo de vida que interfieran en tu rendimiento. El cuestionario que viene a continuación debería ayudarte a identificarlos. Prosigue con el programa de este libro y pronto harás los progresos que estás esperando.

Haz un círculo en la puntuación de cada respuesta y luego anota tu puntuación total para cada sección.

*¿Tienes tu vida bajo control?*

1. **¿Tienes una visión clara de lo que quieres de la vida?**
   Sí (2)
   No estoy seguro/a veces (1)
   No (0)

2. **¿Tienes una agenda como para llenar 50 páginas?**
   Sí (0)
   No estoy seguro/a veces (1)
   No (2)

3. **¿Eres puntual?**
   Sí (2)
   No estoy seguro/a veces (1)
   No (0)

4. **¿Utilizas imágenes, símbolos y colores en tu agenda?**
   Sí (2)
   No estoy seguro/a veces (1)
   No (0)

5. **¿Sueles estar estresado?**

   Sí (0)

   No estoy seguro/a veces (1)

   No (0)

6. **¿Te gusta planificar?**

   Sí (2)

   No estoy seguro/a veces (1)

   No (0)

7. **¿Planificas descansos y vacaciones regularmente?**

   Sí (2)

   No estoy seguro/a veces (1)

   No (2)

8. **¿Te sientes culpable si no trabajas?**

   Sí (0)

   No estoy seguro/a veces (1)

   No (2)

9. **¿Recuerdas tu vida año por año?**

   Sí (2)

   No estoy seguro/a veces (1)

   No (0)

10. **¿Haces habitualmente un repaso de tu vida?**

    Sí (2)

    No estoy seguro/a veces (1)

    No (0)

**11. ¿Sueles esperar a que llegue la mañana siguiente?**
Sí (2)
No estoy seguro/a veces (1)
No (0)

**12. ¿Te asusta tu agenda?**
Sí (0)
No estoy seguro/a veces (1)
No (2)

*¿Haces una vida sana?*

**1. ¿Tomas (y te gusta) mucho azúcar o sal?**
Sí (0)
No estoy seguro/a veces (1)
No (2)

**2. ¿Comes normalmente verdura y frutas frescas?**
Sí (2)
No estoy seguro/a veces (1)
No (0)

**3. ¿Tomas muchas comidas procesadas?**
Sí (0)
No estoy seguro/a veces (1)
No (2)

**4 ¿Estás muy obeso o demasiado delgado?**
Sí (0)
No estoy seguro/a veces (1)
No (2)

5.  **¿Haces ejercicio (y te gusta) regularmente?**

    Sí (2)

    No estoy seguro/a veces (1)

    No (0)

6.  **¿Te haces revisiones regularmente?**

    Sí (2)

    No estoy seguro/a veces (1)

    No (0)

7.  **¿Bebes mucho?**

    Sí (0)

    No estoy seguro/a veces (1)

    No (2)

8.  **¿Tomas habitualmente alguna droga recreativa?**

    Sí (0)

    No estoy seguro/a veces (1)

    No (2)

9.  **¿Tomas más alimentos hechos a la plancha que fritos?**

    Sí (2)

    No estoy seguro/a veces (1)

    No (0)

10. **¿Haces una dieta variada?**

    Sí (2)

    No estoy seguro/a veces (1)

    No (0)

11. **¿Bebes más de seis tazas de té y/o café al día?**
Sí (0)
No estoy seguro/a veces (1)
No (2)

12. **¿Eres fumador?**
Sí (0)
No estoy seguro/a veces (1)
No (2)

*¿Eres emocionalmente estable?*

1. **¿Tienes confianza en ti mismo?**
Sí (2)
No estoy seguro/a veces (1)
No (0)

2. **¿Puedes llorar?**
Sí (2)
No estoy seguro/a veces (1)
No (0)

3. **¿Te enfadas con facilidad?**
Sí (0)
No estoy seguro/a veces (1)
No (2)

4. **¿Te considera la gente una persona feliz?**
Sí (2)
No estoy seguro/a veces (1)
No (0)

5. **¿Mantienes amistades durante mucho tiempo?**

   Sí (2)

   No estoy seguro/a veces (1)

   No (0)

6. **¿Te sientes a menudo impotente?**

   Sí (0)

   No estoy seguro/a veces (1)

   No (2)

7. **¿Sueles considerar la vida como una carga?**

   Sí (0)

   No estoy seguro/a veces (1)

   No (2)

8. **¿Te llevas bien con tu familia?**

   Sí (0)

   No estoy seguro/a veces (1)

   No (2)

9. **¿Dices lo que sientes?**

   Sí (2)

   No estoy seguro/a veces (1)

   No (0)

10. **¿Te gusta tocar y que te toquen?**

    Sí (2)

    No estoy seguro/a veces (1)

    No (0)

11. **¿Eres feliz cuando los otros son felices?**
Sí (2)
No estoy seguro/a veces (1)
No (0)

12. **¿Sueles guardarte tus miedos?**
Sí (0)
No estoy seguro/a veces (1)
No (2)

*¿Cuál es tu grado de sensualidad?*
1. **¿Te gusta bailar?**
Sí (2)
No estoy seguro/a veces (1)
No (0)

2. **¿Te gustan las películas, teatro, pintura y la música?**
Sí (2)
No estoy seguro/a veces (1)
No (0)

3. **¿Puedes recordar información visual con claridad?**
Sí (2)
No estoy seguro/a veces (1)
No (0)

4. **¿Puedes recordar los olores y gustos con claridad?**
Sí (2)
No estoy seguro/a veces (1)
No (0)

5.  **¿Recuerdas sonidos, sensaciones táctiles y movimientos físicos con claridad?**

    Sí (2)

    No estoy seguro/a veces (1)

    No (0)

6.  **¿Comes para vivir en lugar de vivir para comer?**

    Sí (2)

    No estoy seguro/a veces (1)

    No (0)

7.  **¿Eres sensual?**

    Sí (2)

    No estoy seguro/a veces (1)

    No (0)

8.  **¿Te gusta jugar con los niños?**

    Sí (2)

    No estoy seguro/a veces (1)

    No (0)

9.  **¿Te gusta tu cuerpo?**

    Sí (2)

    No estoy seguro/a veces (1)

    No (0)

10. **¿Te gusta la naturaleza?**

    Sí (2)

    No estoy seguro/a veces (1)

    No (0)

**11. ¿Consideran los demás que vas bien vestido?**

Sí (2)

No estoy seguro/a veces (1)

No (0)

**12. ¿Detestas conducir?**

Sí (0)

No estoy seguro/a veces (1)

No (2)

*¿Eres creativo?*

Coge papel y lápiz y un reloj, escribe sólo en 1 minuto, lo más rápido que puedas, todos los posibles usos que se te ocurran para una goma elástica.

**Consejo:** ¡Permítete ser tan ridículo y absurdo como quieras!

## EVALÚA TU PUNTUACIÓN

*¿Controlas tu vida?*

**18-24**   ¡Excelente! Disfrutas de un estilo de vida positivo y equilibrado y ahora estás rindiendo al máximo.

**12-17**   ¡Bien, pero puedes mejorar mucho! ¿Hay áreas de tu vida que puedan interferir en tu agilidad mental?

**6-11**    ¡Podrías esforzarte más! Las áreas de desequilibrio en tu vida probablemente afectan a tu rendimiento mental. Intenta identificar las causas de estas áreas de desequilibrio y dar los pasos para resolverlas.

**0-5**     ¡No estás usando todo el potencial de tu cerebro y cuerpo! Las áreas de desequilibrio en tu vida están afectando a tu rendimiento en general. Intenta identificar las causas de estas áreas de desequilibrio y da los pasos para resolverlas.

*¿Vives de forma saludable?*

**18-24** ¡Excelente! Le estás dando a tu cerebro todas las oportunidades para desarrollarse.

**12-17** ¡Bien! pero puedes mejorar, ya que quizá no te estés cuidando tanto como piensas. Lee los capítulos 5, 6 y 7 para ver de qué formas puedes desarrollar más tu mente y tu cuerpo.

**6-11** ¡Puede que estés perdiendo facultades mentales debido a que estás subestimando la importancia de la salud física! Estudia los capítulos 5, 6, y 7 de nuevo e intenta identificar de qué formas puedes desarrollar más tu mente y tu cuerpo.

**0-5** ¡Estás debilitando tu cerebro en la medida en que maltratas tu cuerpo! ¡Dale una oportunidad! Estudia los capítulos 5, 6 y 7 de nuevo e intenta identificar de qué formas puedes desarrollar más tu mente y tu cuerpo.

*¿Eres estable emocionalmente?*

**18-24** ¡Eres muy maduro emocionalmente!

**12-17** ¡Aunque eres bastante estable, podrías asentarte un poco más!

**6-11** ¡Te infravaloras equivocadamente! Echa otro vistazo al capítulo 7 y vuelve a leer las secciones sobre el pensamiento positivo.

**0-5** ¡Has de dar los pasos necesarios para cuidar de tu bienestar emocional! Empieza volviendo al capítulo 7 y trabajando el pensamiento positivo y la relajación. También deberías plantearte buscar ayuda profesional para reencontrar tu equilibrio emocional.

### ¿Cuál es tu grado de sensualidad?

**18-24**    ¡Excelente! Vives una vida bien equilibrada, sensual, cultural y físicamente, y tu cerebro se beneficia con ello.

**12-17**    ¡Eres consciente de tu sensualidad, pero hay algún que otro bloqueo!

**6-11**    ¡Necesitas algo más físico en tu vida! Prueba una nueva actividad física, como hacer algún deporte o bailar. Dedica tiempo a disfrutar de la comida, de la música y de otros placeres de la vida.

**0-5**    ¡Tu cerebro está sediento de estímulo sensorial! Sal y haz cosas que impliquen mover el cuerpo.

### ¿Eres creativo?

Este test fue diseñado por E. Paul Torrence. Una puntuación típica es 3-7. Si has sacado entre 8-12, lo has hecho muy bien. Si has sacado más de 12, eres una central creadora.

Los resultados que obtengas de cada área de este cuestionario deberían ayudarte a identificar algunos problemas en tu estilo de vida y de carácter emocional que podrían estar limitando tu rendimiento. Si no has podido mejorar tu puntuación desde que empezaste el programa, es bastante probable que se deba a algún factor de tu estilo de vida o personal. Corrige eso y pronto verás mejorar tu agilidad mental general.

# MANTÉN TU MENTE EN FORMA
## Semana 1
**Tiempo total:** aproximadamente 3 horas

La primera semana del plan de 7 semanas para mantener la mente en forma revisa todas las técnicas rápidas del capítulo 3 para asegurarte de que las dominas y que puedes usarlas sin problemas. Procura hacer pausas regularmente para refrescar la mente. Cinco minutos aproximadamente cada 15 o 20 minutos es lo ideal.

## MAPAS MENTALES

**Tiempo:** 10 minutos

Vuelve a la página 62 para revisar las instrucciones básicas para dibujar un Mapa Mental. Los principales temas que debes tener en cuenta son que sólo has de añadir una palabra a cada rama y que tus imágenes y palabras estén cada una en su rama.

Ahora coge el papel y los lápices de colores y dibuja un Mapa Mental de todos los alimentos y bebidas que desees.

Empieza con una imagen en el centro de la página que despierte tu imaginación, como un dibujo de un rostro sonriente, un cesto de la compra o una persona afable y con una gran barriga redonda.

Plasma tus ideas principales, como los diferentes tipos de alimentos, y deja que tus ideas se expandan junto con tu Mapa Mental partiendo de ese punto.

## FRAGMENTAR

**Tiempo:** 5 minutos

Cuando hayas dibujado tu Mapa Mental, revisa toda la información que tienes en él. Al etiquetar las ramas principales habrás agrupado o fragmentado automáticamente la información en varias categorías, como «dulce», «sabroso», «verduras», «carne», etcétera. Los Mapas Mentales son una herramienta fantástica de fragmentación.

Echa otro vistazo a cómo puedes fragmentar información. Mira la siguiente lista de palabras, organízalas en grupos que tengan significado, y luego concédete 5 minutos para recordarlas todas. Cubre las palabras y a ver cuántas puedes recordar.

| | |
|---|---|
| Gel de ducha | Diccionario |
| Manzana | Pollo |
| Papel | Champú para el cabello |
| Sacapuntas | Pescado |
| Muesli | Crepe (panqueque) |
| Champú | Navaja de afeitar |
| Plátanos | Goma para el pelo |
| Ordenador | Harina |
| Esmalte de uñas | Post-it |
| Toallita desmaquilladora | |

## PATRONES

**Tiempo:** 5 minutos
Observa los patrones en las siguientes secuencias numéricas para ayudarte a recordarlas. Emplea 5 minutos para memorizarlas, luego cubre la página y ponte a prueba.

    10661914
    12367893
    04436912
    91101456
    19195522

## TRUCOS NÚMERICOS

**Tiempo:** 10 minutos
Si es necesario, vuelve a las páginas 71-72 para refrescar tu memoria respecto a los sistemas de trucos para y con números y palabras.

*Trucos con figuras como números*
**Tiempo:** 5 minutos
Utiliza los trucos con figuras como números para memorizar las siguientes listas de palabras. Recuerda que has de ser lo más extravagante posible con tus imágenes. Luego cubre las palabras y a ver cuántas puedes recordar.

| 1. Tapa | 6. Estrellas |
|---------|--------------|
| 2. Incienso | 7. Goma elástica |
| 3. Botella | 8. Uva |
| 4. Pimienta | 9. Grapadora |
| 5. Teléfono | 10. Perro |

*Trucos para números mediante rimas*
**Tiempo:** 5 minutos

Esta vez utiliza los trucos usando rimas para memorizar los siguientes números. Al igual que antes, imagina que buscas una rima para los números en conjunto, de la forma más vívida y colorida posible. Decir los números en voz alta también te puede ayudar a encontrar el ritmo y la rima para los grupos numéricos. Al cabo de 5 minutos, tapa los números y ponte a prueba.

3863
54789
3427891
12090034
968621562

## TRUCOS ALFABÉTICOS

**Tiempo:** 10 minutos

Los trucos alfabéticos (véase pág. 74) son muy útiles para memorizar largas listas de artículos o palabras. Utiliza 10 minutos para recordar la lista que viene a continuación.

| | | | |
|---|---|---|---|
| A. | Revólver | N. | Casa |
| B. | Bastón | O. | Parque |
| C. | Naranja | P. | Águila |
| D. | Espía | Q. | Cruasán |
| E. | Sal | R. | Vela |
| F. | Pantano | S. | Cena |
| G. | Llave | T. | Tren |
| H. | Blanco | U. | Tarjeta |
| I. | Jarra | V. | Sombrero |
| J. | Tigre | W. | Médico |
| K. | Tejido | X. | Temporizador |
| L. | Sello | Y. | Venus |
| M. | Cuchillo | Z. | Auriculares |

## MNEMOTECNIA

*Acrónimos*

**Tiempo:** 10 minutos

Haz acrónimos para recordar los siguientes grupos de palabras.
Dedica 5 minutos a cada uno, luego ponte a prueba.

### Grupo 1 — nombres de ríos de Alemania

| | |
|---|---|
| Rin | Main |
| Elba | Tauber |
| Danubio | Neckar |

### Grupo 2 — nombres de picos de España

| | |
|---|---|
| Aneto | Monte Perdido |
| Mulhacén | Moncayo |
| Teide | Puigmal |

### Rimas

**Tiempo:** 5 minutos

Haz una rima con los primeros grupos de palabras, es decir, con los ríos de Alemania, para recordarlos.

### Utiliza el método de primera y última

**Tiempo:** 2 minutos

Anota mentalmente los nombres del primer y último pico de España para recordarlos todos.

### Método de los loci

**Tiempo:** 30 minutos

Si has estado practicando esta técnica, primero tendrás que fijar una serie de lugares en tu mente que puedes utilizar como trucos de memoria. Un buen sitio es empezar por tu propio domicilio. Otra alternativa es utilizar una localización imaginaria, quizás un palacio sorprendente o la casa de tus sueños.

A medida que te acercas a la casa y entras en ella, elige objetos que puedas recordar y que te funcionen bien como trucos. Éstos podrían ser algunos:

La verja que conduce a tu casa.
Un arbusto al lado de la puerta de entrada.
El picaporte de la puerta.
La alfombra de la entrada.
La escalera.
El reloj de pared.
Una gran silla de terciopelo.

Elige objetos que te resulten fáciles de recordar —de tu casa real o imaginaria— en tu recorrido virtual. Si quieres, dibuja un

Mapa Mental de todos los objetos o localizaciones que has destacado. Cuantos más emplazamientos selecciones como trucos, más cosas podrás recordar.

Cuando te familiarices con tus trucos de localización, utilízalos con la mayor asiduidad posible. Puede que necesites algún tiempo hasta que se conviertan en algo natural para ti. La facilidad con la que posteriormente puedas usar este sistema, hará que haya valido la pena.

Cuando quieras usar tus trucos de localización, asegúrate de que asocias el tema u objeto que has de memorizar con la mayor claridad posible. Afina todos tus sentidos, puesto que cuanto más vívida sea la imagen, más fácil te resultará grabarla en la memoria.

Empieza a practicar con la lista de 20 objetos que has de llevarte para tus vacaciones. Emplea 5 minutos para recordarlos, luego tapa la lista y escribe todos los que puedas.

| | |
|---|---|
| Snorkel | GPS |
| Pasaporte | Shorts |
| Dinero | Tijeras |
| Bañador | Aletas |
| Cuchillo de submarinismo | Crema de protección solar |
| Mosquitera | Cámara de fotos |
| Máscara de buceo | Repelente de insectos |
| Camisetas | Botiquín |
| Sandalias | Barritas energéticas para |
| Guía de viaje | tentempié |

Ahora intenta memorizar esta lista de palabras al azar. Emplea 5 minutos para retenerlas y luego tapa el libro y ponte a prueba.

| | |
|---|---|
| Impresora | Curry |
| Café | Crema bronceadora |
| Rotulador | Cactus |
| Estatua de la Libertad | Copo de nieve |
| Caballo | Anillo |
| Regadera | Patatas fritas |
| Carbón | Cuchillo |
| Faisán | Roca |
| Edredón | Rana |
| Bufanda | Hada |

## MUÉVETE

**Tiempo:** 60 minutos

Tal como has leído en el capítulo 5, el ejercicio físico y un cuerpo ágil son tan importantes para mantener en forma a tu mente como los ejercicios mentales. Tu siguiente tarea es hacer una hora de ejercicio físico suave cada día. Sal a pasear para tomar el aire o, si esto no te seduce, ve a la página 162 para ver otras ideas sobre cómo hacer ejercicio.

## COJÍN MENTAL: RELAJACIÓN

**Tiempo:** 30 minutos

Después de haber hecho un ejercicio mental, ahora toca relajarte. Termina tu sesión de potenciar el cerebro buscando un espacio cómodo donde nadie te moleste y dedica 30 minutos a practicar la técnica de respiración descrita en la página 194 del capítulo 7.

---

## TAREA DE LA SEMANA

Tu tarea esta semana es utilizar las técnicas rápidas con la mayor frecuencia posible. Empieza centrándote en las técnicas que más te atraen —si prefieres los trucos de rima tanto para números como para palabras, hazlo libremente—, luego procura integrar las otras técnicas en tu rutina diaria. Puede que al principio te parezca que te cuesta más recordar las cosas. Cuando te habitúes a utilizarlas, te costará mucho menos memorizar lo que quieras y, por supuesto, te será mucho más fácil recordar la información.

---

# MANTÉN TU MENTE EN FORMA
## Semana 2
**Tiempo total:** 2 horas 50 minutos aproximadamente

Esta semana del plan de 7 semanas para mantener tu mente en forma se centra en la memoria a corto plazo, en la memoria operativa y en cómo puedes seguir mejorándola.

## TÓNICO DE LA MEMORIA

**Tiempo:** 40 minutos (incluye el tiempo para revisar las respuestas)

*Recordar los números*
Tu primera tarea es afianzar tu capacidad para recordar números. La persona normal y corriente puede recordar unos 7. Con el plan de 7 semanas para mantener la mente en forma deberías subir tu puntuación. Actualmente, el objetivo es mejorar tus puntos muy por encima de lo que la mayoría de las personas pueden conseguir a cualquier edad.

Busca un lugar tranquilo y una silla cómoda. Hazte una taza de té o café y pon música para relajarte.

**Lo que vas a necesitar:**
- **Papel y lápiz.**
- **Una agenda de teléfonos (una de las clásicas impresas o la del móvil) como fuente para los números de teléfono (si se te acaban los números, usa una guía telefónica).**

1. Empieza abriendo la agenda y tapando todos los números; deja a la vista sólo el primero.

2. Ahora retenlo en la memoria, tápalo y escríbelo. Utiliza la misma mano para tapar el número que la que usas para escribir, para evitar la tentación de escribir lo que ves.

3. Deja al descubierto el segundo número. Recuérdalo, tápalo y escríbelo.

4. Sigue bajando por la lista hasta llegar al décimo, luego revisa las respuestas.

5. Ahora repite el ejercicio intentando recordar DOS números a la vez. Esto ya es más difícil. Recuerda que los números de teléfono siempre siguen el mismo patrón, lo que quiere decir que se pueden aplicar las mismas reglas para memorizarlos: fragmenta los números y repítelos en voz alta para grabarlos claramente en la memoria a corto plazo. Si te resulta fácil memorizar dos números a la vez, prueba con tres.

6. Dedica 40 minutos a esta tarea e intenta recordar todos los números que puedas.

7. Márcate descansos (una pausa de 3 minutos cada 10 o algo por el estilo). Haz algo completamente distinto, como cambiar de música o echarle algo a tu té o café.

## TÓNICO DE LA MEMORIA

**Tiempo:** 5 minutos (incluye el tiempo para revisar las respuestas).

Los ejercicios que ponen a prueba tu memoria a corto plazo o memoria operativa pueden ayudarte a evitar situaciones incómodas, como olvidar algo que has de hacer o perder el hilo de una conversación. A pesar de la creencia popular de que los «despistes» son inevitables cuando te haces mayor, lo cierto es que es más bien a la inversa: puedes seguir desafiando al cerebro —y de hecho deberías hacerlo— para mejorar tu memoria a corto plazo. No es una cuestión de edad, sino de que tu cerebro esté en forma.

Lee rápidamente el pasaje siguiente sobre las cosas que tienes que recordar en un día típico. No tardes más de 45 segundos.

**Esta mañana he de ir a mirar ese DVD para mi amiga Anna, pues voy a verla por la tarde. Mientras me preparo el desayuno, quiero escuchar en Radio Fénix esa información sobre el cierre del hospital regional. Se supone que lo emiten a las 8:20 h y que entrevistan a mi amiga Jenny. He de sacar la basura cuando salga y separar los envases de plástico para reciclar; el papel no, pues es mañana. He de acordarme de llamar al banco para revisar ese pago y he de ver qué pasa con mi pedido de pintura en cuanto llegue al trabajo. A la hora de comer veré a Paul. ¡Ah, sí! Me preguntó si le podía prestar el libro sobre las aves de Argentina antes de su próximo viaje el mes que viene. También me lo he de llevar. He de marcharme a las 13:50 h, así tendré diez minutos para recoger mi abrigo de la lavandería. Luego, después de la entrevista de trabajo, me reuniré con Anna y Suzy en el bar Barkers, de la calle Calvin, a las 15:45 h para ver la nueva película de Scorsese. He de llamar a ver si hay entradas. ¿Dónde me dijo que la hacían...?**

Ahora, veamos si puedes responder a estas preguntas:

1. ¿Qué es lo primero que tengo que hacer por la mañana?
2. ¿En qué cadena de radio daban el programa que quería oír y a qué hora era?
3. ¿Era el plástico o el papel lo que tenía que separar para reciclar?

4. ¿A quién tenía que llamar cuando llegara al trabajo?
5. ¿Qué he de acordarme de llevar para mi comida con Paul?
6. ¿Adónde iba Paul y cuándo?
7. ¿Con quiénes voy a encontrarme después del trabajo?
8. ¿Dónde voy a encontrarlas?
9. ¿Qué más he de hacer esta tarde?

Revisa tus respuestas. ¿Cómo te ha ido? Si has respondido a más de 5 correctamente, lo has hecho muy bien.

## ¿DESPISTES O SIMPLEMENTE ESTRÉS?

A veces, aunque no tengas problemas para recordar cosas, es posible que haya días en que estés más despistado u olvides algo realmente básico de tu vida diaria. Probablemente, descubrirás que es más probable que te suceda cuando estás cansado, estresado o no te encuentres bien. A continuación hay unas cuantas cosas que puedes hacer:

1. En general, intenta ser ordenado. De este modo, cuando algo no esté en su sitio te darás cuenta enseguida.
2. Pon las cosas de las que te has de acordar en algún lugar inusual y que esté a la vista para cuando vayas a salir de casa.
3. Ten una agenda actualizada, en papel o electrónica, preferiblemente ambas.
4. Ten una lista de tareas para cada día y cada semana (un Mapa Mental en la puerta de la nevera es mi favorito). Saca las notas de las tareas cuando las hayas realizado.
5. Escribe recordatorios y ponlos en lugares visibles.
6. Antiguamente, la gente solía atarse un cordel en el dedo o hacerse un

nudo en un pañuelo para recordar algo. Por extraño que nos resulte hoy en día, sigue siendo una técnica eficaz. Este tipo de cosas nos proporcionan pistas para despertar la memoria. También te puede servir cualquier otra pista similar, como ponerte unos calcetines extraños, una moneda extranjera en el monedero, moviendo una silla, etcétera.

## TÓNICO DE LA MEMORIA

**Tiempo:** 5 minutos (incluye el tiempo para revisar las respuestas).

*Un testigo de confianza*
De vez en cuando, alguien es testigo de algún delito y se le pide que testifique. La mayoría de las personas son mucho menos fiables como testigos de lo que se piensan. ¿Cómo es eso?
Lee este fragmento y no tardes más de 20 segundos.

Una joven con un abrigo rosa sale de la papelería. Cuando pasa por delante de la tienda de comestibles, se pone el monedero y unas cuantas monedas en su bolsillo, se para y saca su móvil. En el momento en que se lo acerca a la oreja, un joven de estatura baja vestido con un chándal, cuya capucha cuelga por detrás, corre hacia ella, le agarra el brazo izquierdo con una mano y el móvil con la otra. Cuando ella va a abrir la boca para gritar, el joven le roba el teléfono y sale corriendo pasando por delante de la papelería, dejando a la chica conmocionada.

Tapa el fragmento. Responde a las preguntas que te hace el abogado defensor. Completa cada respuesta antes de pasar a la siguiente.

1. ¿Qué llevaba la chica?
2. ¿Qué tenía en la mano cuando salió de la tienda de comestibles?
3. ¿De dónde salió el supuesto asaltante?
4. ¿Cómo iba vestido?
5. ¿Se le veía la cara?
6. ¿Era gordo o delgado?
7. ¿Qué es lo primero que hizo él?
8. ¿Con qué brazo la cogió?

Si realmente estás atento, te habrás dado cuenta de que la pregunta 2 era una trampa. Salió de la papelería, no de la tienda de comestibles. Una de las razones por las que podemos ser testigos poco fiables es porque normalmente sólo vemos lo que esperamos ver. Esta es la razón por la que se nos puede pasar por alto lo inesperado, como si ni siquiera existiera.

Ahora haz otra prueba. ¿Puedes hacerlo mejor esta vez? Al igual que antes, no tardes más de 20 segundos en leer el fragmento:

Un BMW azul venía de Preston Street desde el norte hacia el sur. Lo conducía un hombre. Una mujer y un hombre en el lado izquierdo de dicha calle —el lado este— vieron el coche y el hombre hizo un saludo con la mano. El conductor le respondió. En ese momento, salieron corriendo dos perros de un portal que se encontraba en el lado derecho de Preston Street, una papelería, me parece. Uno era marrón, el otro pequeño y negro. Los dos se plantaron en la calzada delante del coche. El perro negro cruzó la calle y se puso a salvo. El conductor pudo ver al marrón justo a tiempo. Cuando giró el volante para esquivarlo, su coche se subió a la acera izquierda de Preston Street y colisionó contra una pared.

Cubre el fragmento. Ahora responde a las preguntas que te plantea el abogado defensor. Responde bien a cada pregunta antes de pasar a la siguiente.

1. ¿De qué color era el coche?
2. ¿En qué dirección iba por Preston Street?
3. ¿Quién saludó primero?
4. ¿En qué lado de la calle estaba la pareja?
5. ¿Qué perro consiguió cruzar la calle sin problemas?
6. ¿En que lado de la calle colisionó el vehículo?
7. ¿El conductor era un hombre o una mujer?
8. ¿De dónde salieron los perros?

## RECORDAR HISTORIAS

**Tiempo:** 30 minutos (incluye el tiempo para revisar las respuestas).

A continuación tienes un pasaje mucho más largo y complicado. Esta vez tu tarea es un poco distinta. Dedica 10 minutos a leerlo detenidamente. Cuando te encuentres con algo que consideres un hecho o un nombre importante, usa tu imaginación y asociación para grabarlo en tu memoria a corto plazo. Por ejemplo, para recordar el nombre de la esposa de Tutankamón, Ankesenamón, puedes usar una combinación de fragmentación, imagen y patrón: el comienzo de su nombre «Ank», es el nombre que recibe la cruz egipcia o ansata, entonces puedes imaginarte a una joven que lleva una cruz brillante colgada del cuello; la mitad de su nombre es «ese» y puedes imaginarte la letra 's'; la última parte, «namón», es muy similar al final de Tutankamón. Juega con esa información en el pasaje para recordar de la manera más sencilla posible.

Cuando Ay, Maya y Horemheb se encargaban de gobernar Egipto, el joven faraón Tutankamón y su todavía más joven esposa Ankesenamón tenían tiempo libre para divertirse. Iban a cazar pájaros a los pantanos del delta cerca de Menfis, sorteando los juncos en ligeros botes, o iban a cazar avestruces en carros por el desierto cerca de Tebas. Se dice que a Tutankamón le gustaba cazar con arco, y en su tumba se encontró un arco y una flecha. Sin embargo, no todo era diversión. En una acción calculada para apaciguar a los que no estaban conformes con el traslado a Amarna, Tutankamón supervisó la construcción de una gran columnata en el templo de Luxor.

Todo parecía ir de maravilla cuando Ankesenamón se quedó embarazada y el futuro linaje real parecía asegurado. Por desgracia, perdió ese hijo y luego otro. Los jóvenes padres estaban profundamente afligidos y, desobedeciendo a la tradición, hicieron momificar ambos fetos. Aunque corrían rumores de una maldición familiar, la pareja real todavía era adolescente y tenían mucho tiempo para concebir un heredero. Entonces, de la noche a la mañana, muere Tutankamón, cuando sólo tenía 18 o 19 años.

Desde que en 1922 fue descubierta la tumba de Tutankamón, todo el mundo ha especulado sobre las causas de su fallecimiento. ¿Era sencillamente un joven enfermizo, víctima de generaciones de endogamia? ¿O se trató de algo más siniestro?

En un libro reciente, el egiptólogo Bob Brier da a entender que fue asesinado. Brier arguye convincentemente que las marcas que aparecen en una radiografía que se le practicó al cráneo del rey muestran que le fue asestado un fuerte golpe en la cabeza, en un lugar donde el golpe no pudo ser accidental. Entretanto, el servicio de información estatal egipcio dice que las investigaciones forenses indican que pudo ser envenenado, e incluso citan a un sospechoso denominado Tutu, un oficial de la corte de Amenhotep III.

Bob Brier dice que si Tutankamón fue asesinado, los principales sospechosos son su astuto tío Ay, que se convirtió en faraón tras su muerte, y el igualmente artero general Horemheb, que también fue faraón cuando murió Ay. Tanto Ay como Horemheb dejaron escritos en los que se declaraban inocentes. En la estatua de Horemheb hay una advertencia que reza: «Hermanos egipcios, no olvidéis jamás lo que le hicieron los extranjeros a nuestro rey Tutankamón». Por lo tanto, eso parece confirmar que el joven faraón fue asesinado.

Otra versión de la leyenda es la que procede del descubrimiento en Turquía de las tablas de arcilla de la corte del rey hitita Suppiluliuma. En una de estas tablas, conocida como la Séptima Tabla, el hijo del rey habla de una extraordinaria carta de la reina de Egipto a su padre. Es extraordinaria, tanto por su tono de desesperación como porque los hititas eran sus enemigos naturales. En la carta la reina dice: «Mi esposo ha muerto. No tengo hijos. Pero se dice que tú tienes muchos. Si me dieras uno de tus hijos lo convertiría en mi esposo. ¡Nunca elegiría a uno de mis sirvientes para convertirlo en mi esposo! ¡Estoy asustada!».

¿Podía haber sido esta reina egipcia Ankesenamón, la joven viuda de Tutankamón? Las fechas coinciden. De ser así, debía estar muy asustada y desesperada para recurrir a sus antiguos enemigos. ¿Y quién era el sirviente con el que la estaban obligando a casarse? El curso de los acontecimientos sugiere que podría ser su ya anciano tío Ay. En 1931 se encontró un anillo que demuestra que Ay se desposó con Ankesenamón, antes de que ella desapareciera por completo de la historia.

La llamada desesperada de Ankesenamón a Suppiluliuma era tan increíble que al principio éste no se la creyó y mandó a un chambelán a Egipto para que lo verificara. Éste regresó con un embajador egipcio llamado Hani para que hablara en nombre de la reina. Era evidente que la estaban presionando para que se casara y volvió a escribirle.

«¿Por qué me has dicho que "ellos me engañaron", de ese modo? De haber tenido un hijo, ¿crees que hubiera escrito a un país extranjero para hablarte de mi vergüenza y de la de mi país? ¡No me creíste y me lo dijiste! Mi esposo está muerto. ¡No tengo hijos! Nunca me casaré con uno de mis sirvientes. No he escrito a ningún otro país. Dicen que tienes muchos hijos; ¡dame uno! Para mí será un esposo, pero para Egipto será el rey.»

Al final Suppiluliuma se convenció y envió a uno de sus hijos para que se casara con la reina egipcia. En cuanto el príncipe hitita cruzó la frontera de Egipto, fue asesinado. Los hititas enfurecidos declararon la guerra. La superioridad del ejército egipcio y la peste acabaron con ellos. ¿Quién asesinó al príncipe hitita? Bob Brier sugiere que lo más probable es que fuera Horemheb, conchabado con Ay. Pues tal como indica el anillo, poco después Ay se casó con Ankesenamón.

Probablemente, nunca lleguemos a saber qué sucedió con la joven reina. Si fue obligada a casarse con Ay, también parece que murió al poco tiempo. No tiene tumba, y está extrañamente ausente de las representaciones pictóricas de las tumbas de Tutankamón y Ay. Bob Brier cree que es muy probable que Ay estuviera implicado en el asesinato de Tutankamón, del príncipe hitita y también de Ankesenamón. Si Ay fue el culpable, ya era viejo y no vivió demasiado para disfrutar de los beneficios de sus crímenes. Se convirtió en rey al casarse con Ankesenamón. Transcurridos unos pocos años, también murió. Horemheb le sucedió en el trono y gobernó durante 27 años, para ser sucedido por su visir Ramsés. Con la muerte de Horemheb, desaparecía el último de los extraños jugadores de los tiempos de Amarna, y Ramsés y su descendencia devolvieron a Egipto sus antiguas costumbres, como si nada hubiera sucedido.

Ahora ve a tomarte un café, vuelve, siéntate e intenta dibujar un Mapa Mental (pág. 62) para resumir la historia todo lo que puedas. Tienes 15 minutos. Procura recordar el patrón general y los máximos detalles posibles. Cuando por fin hayas acabado con todo lo que tengas que decir, vuelve a leer el pasaje, y revisa la información de tu Mapa Mental. Sé crítico. ¿Dónde hay diferencias? ¿Dónde están los principales lapsus?

## MUÉVETE

**Tiempo:** 60 minutos

La semana pasada dedicaste una hora al día a hacer algún tipo de ejercicio. Ahora dedica otra hora; puedes hacer el mismo tipo de ejercicio, u otro totalmente distinto.

## COJÍN MENTAL: RELAJACIÓN

**Tiempo:** 30 minutos

Tu última tarea del día es dedicar 30 minutos a relajarte. Como ya has hecho otras veces, busca un lugar cómodo donde no te moleste nadie y practica la técnica de la respiración para relajarte descrita en la página 194 del capítulo 7.

---

### TAREA DE LA SEMANA

## Gran historia

**Tiempo:** aproximadamente 3 horas (incluye el tiempo para ver una película de 90 minutos, descansar entremedio, realizar la tarea y revisar las respuestas). Tu tarea de la semana sigue trabajando tu memoria a corto plazo. Si has observado alguna vez que se te queda la mente en blanco cuando alguien te pregunta qué película o programa de televisión acabas de ver, esto pronto pertenecerá al pasado.

La primera parte del ejercicio es ver una película que no hayas visto nunca, no importa si vas al cine o si la ves en casa. Deja pasar una hora, ya sea porque estés regresando del cine o porque estés haciendo otras tareas. Luego dibuja un Mapa Mental o escribe la trama de la película desde el principio hasta el final con tantos detalles como recuerdes. ¿Cuántos detalles has podido recordar? ¿Has recordado los nombres de todos los personajes principales? ¿Qué me dices de los personajes secundarios? ¿Te acuerdas de los lugares? ¿De los giros de la trama?

Si lo deseas, puedes volver a verla para comprobar si te has acordado de todo correctamente.

---

# MANTÉN TU MENTE EN FORMA
## Semana 3
**Tiempo:** 2 horas y 55 minutos aproximadamente.

Esta semana vamos a trabajar tu memoria a largo plazo, la memoria semántica.

## TÓNICO DE LA MEMORIA

**Tiempo:** 10 minutos (incluye el tiempo para revisar las respuestas)

*Test de reconocimiento*

Para utilizar tu memoria semántica, tu cerebro ha de encontrar dónde está almacenada. Esto es mucho más fácil si hay pistas o apuntes que te ayuden a recuperar los datos. En un test con múltiples opciones se te da la respuesta correcta entre otras incorrectas. Lo único que has de hacer es reconocerla. Cuando se plantean las preguntas con múltiples opciones, si el test es sencillo, las respuestas alternativas es fácil reconocerlas como claramente incorrectas; pero cuando no lo es, se parecen mucho a la correcta, y hasta pueden ser engañosas para que tu cerebro «reconozca» falsamente la respuesta incorrecta. En este primer test, todas las preguntas son de este tipo.

No tardes más de 5 minutos en responder a todas las preguntas que vienen a continuación. Pon una marca al lado de la respuesta correcta.

1.  **¿Quién ganó el Oscar a la mejor actriz en 1978?**
    ☐ Diane Keaton, *Annie Hall*
    ☐ Meryl Streep, *Kramer contra Kramer*
    ☐ Jane Fonda, *El regreso*
    ☐ Louise Fletcher, *Alguien voló sobre el nido del cuco*

2.  **¿Cuál es el lago más grande del mundo?**
    ☐ Baikal
    ☐ Victoria
    ☐ Erie
    ☐ Superior

3.  **¿Cuál era el nombre real de George Eliot?**
    ☐ Mary Golding
    ☐ Anne Wildman
    ☐ Edith Evans
    ☐ Mary Anne Evans

4.  **¿Qué relación tenía el emperador romano Nerón con el emperador Claudio?**
    ☐ Hijo
    ☐ Sobrino
    ☐ Hijastro
    ☐ Primo

5.  **¿Cuál es la capital de Kazajistán?**
    ☐ Tashkent
    ☐ Dusambé
    ☐ Samarkanda
    ☐ Astaná

6. **¿Cómo se ha producido el mineral fulgurita?**
   - ☐ Mediante precipitación de sustancias químicas
   - ☐ Volcánicamente
   - ☐ Por la caída de rayos
   - ☐ Por depósitos marinos

7. **¿Cuál es el músculo más grande del cuerpo?**
   - ☐ Deltoides
   - ☐ Glúteo mayor
   - ☐ Tríceps
   - ☐ Dorsal ancho

8. **¿Cuál de estos ríos es el más largo?**
   - ☐ Yenisey-Angara (Rusia)
   - ☐ Mackenzie (Canadá)
   - ☐ Mekong (Vietnam)
   - ☐ Huang-Ho o Amarillo (China)

9. **¿Qué país es el centro del islam chií?**
   - ☐ Pakistán
   - ☐ Irán
   - ☐ Iraq
   - ☐ Arabia Saudí

10. **¿Quién pone la voz al gato bucanero en la película de animación *Shrek 2*?**
    - ☐ Bruce Willis
    - ☐ Antonio Banderas
    - ☐ Orlando Bloom
    - ☐ Kevin Spacey

**11. ¿Cuál era el nombre griego del viento del norte?**

☐ Skiros

☐ Zephyros

☐ Notos

☐ Boreas

**12. ¿Cuál es la estrella más brillante de la noche?**

☐ Sirio

☐ Betelgeuse

☐ Aldebarán

☐ Arturo

**13. ¿Cuál es la provincia más grande de Irlanda?**

☐ Mayo

☐ Galway

☐ Kerry

☐ Cork

**14. ¿Qué billete es el más valioso?**

☐ $1.000

☐ 1.000

☐ 5.000

☐ $10.000

**15. ¿Dónde está la galería de arte más grande del mundo?**

☐ París

☐ San Petersburgo

☐ Madrid

☐ Nueva York

16. **¿Quién grabó la versión original de la canción *Love Me for a Reason* interpretada por Boyzone?**

    ☐ Bay City Rollers
    ☐ Jackson 5
    ☐ Osmonds
    ☐ Fortunes

17. **¿Cuál fue la primera novela de éxito de Mark Twain?**

    ☐ *Las aventuras de Tom Sawyer*
    ☐ *Un yanqui en la corte del rey Arturo*
    ☐ *El príncipe y el mendigo*
    ☐ *Las aventuras de Huckleberry Finn*

18. **¿En qué película compartió cartel Gwyneth Paltrow con Ewan McGregor?**

    ☐ *Grandes esperanzas*
    ☐ *Dos vidas en un instante*
    ☐ *Emma*
    ☐ *Posesión*

19. **¿Cuál es la segunda isla más grande del mundo después de Groenlandia?**

    ☐ Madagascar
    ☐ Nueva Guinea
    ☐ Borneo
    ☐ Sumatra

20. **¿Qué es una sizigia?**

☐ Un movimiento de una danza medieval
☐ La conducta de apareamiento de las aves marinas
☐ Una alineación de planetas
☐ Una operación quirúrgica para erradicar un tumor intestinal

21. **¿Cuál de estos nombres no es halógeno?**

☐ Astatina
☐ Bromina
☐ Guanina
☐ Yodo

22. **¿Cuándo se integró Polonia en la CE?**

☐ 2001
☐ 2003
☐ 2004
☐ 2005

23. **¿De qué famosa cantante son padres Terri Augelo y Craig Cook?**

☐ Lauryn Hill
☐ Mary J. Blige
☐ Beyonce Knowles
☐ Alicia Keys

24. **¿Cuál es la montaña más alta del mundo después del Everest?**

☐ Lhotse
☐ Aconcagua
☐ Kangchenjunga
☐ K2

25. **¿Dónde encontrarías un palimpsesto?**

☐ Debajo de la piel
☐ En un pergamino antiguo
☐ En una hierba medieval
☐ En el escudo de un caballero

26. **¿Quién dijo «Dame castidad y continencia... pero todavía no»?**

☐ Winston Churchill
☐ Casanova
☐ Woody Allen
☐ San Agustín

27. **¿Cuáles son los anfibios más grandes del mundo?**

☐ Los cocodrilos del Nilo
☐ Los dragones de Komodo
☐ Las salamandras gigantes chinas
☐ Los sapos de caña

**28. Cuando el británico Andy Green batió el récord mundial de velocidad en tierra, ¿a que velocidad iba?**

- ☐   970,56 km/h
- ☐ 1.227,98 km/h
- ☐ 1.402,76 km/h
- ☐ 2.003,64 km/h

**29. El japonés Shigechiyo ha sido el hombre más viejo del mundo que se conozca. ¿Qué edad tenía cuando murió?**

- ☐ 113 años y 210 días
- ☐ 119 años y 40 días
- ☐ 120 años y 237 días
- ☐ 125 años y 123 días

**30. ¿Cuál es el elemento más común del Universo?**

- ☐ Hierro
- ☐ Carbón
- ☐ Helio
- ☐ Hidrógeno

**31. ¿Quién fue el primer presidente de Iraq tras la caída de Hussein?**

- ☐ Jalal Talabani
- ☐ Massoud Barzani
- ☐ Turgut Ozal
- ☐ Mahmoud Ahmadinejab

**32. ¿Qué parte del cerebro es un cuerpo duro?**

☐ Corteza cerebral

☐ Cerebelo

☐ Cuerpo calloso

☐ Hipocampo

**33. ¿Con qué otra bebida alcohólica se mezclan la granadina y la ginebra para hacer un Singapur Sling?**

☐ Cointreau

☐ Ron blanco

☐ Vodka

☐ Cherry Brandy

**34. ¿Qué es el *allium ursinum*?**

☐ Un pequeño fruto rojo

☐ Una flor tropical

☐ Un tipo de ajo silvestre

☐ Una especie de oso

**35. ¿De qué nacionalidad era el compositor Franz Liszt?**

☐ Húngaro

☐ Alemán

☐ Austriaco

☐ Polaco

**36. ¿Quién de los siguientes personajes no fue un miembro del Clan de los Cuatro?**

☐ Yao Wenyuan

☐ Den Xaoping

☐ Jiang Qing

☐ Zhang Chunqiao

**37. ¿Quién fue el primer, primer ministro de Australia?**

☐ Alfred Deakins
☐ Edward Barton
☐ Sir George Reid
☐ Andrew Fisher

**38. ¿A quién venció Roger Federer cuando ganó su primer título de Wimbledon?**

☐ Andy Roddick
☐ Mark Philippoussis
☐ André Agassi
☐ Leyton Hewitt

**39. ¿En qué obra de Shakespeare aparece Rosalinda?**

☐ *Como gustéis*
☐ *Noche de Reyes*
☐ *Medida por medida*
☐ *Sueño de una noche de verano*

**40. ¿Qué porcentaje de votos han de conseguir los partidos para tener representación en el parlamento alemán?**

☐ No especificado
☐ 1 por ciento
☐ 5 por ciento
☐ 8 por ciento

**41. ¿Cuál es el aeropuerto con más tránsito del mundo?**

☐ Heathrow, Londres
☐ O'Hare, Chicago
☐ Hartsfield, Atlanta
☐ Chep Lap Kok, Hong Kong

**42.  ¿Quién escribió *La cabaña del tío Tom*?**

☐ Mark Twain

☐ Harriet Beecher Stowe

☐ Louisa May Alcott

☐ Harriet Martineau

**43.  ¿Qué edad se cree que tiene el universo?**

☐ 4.500 millones de años

☐ 5.600 millones de años

☐ 9.200 millones de años

☐ 13.700 millones de años

**44.  ¿Cuál es la moneda de Ecuador?**

☐ Sucre

☐ Dólar estadounidense

☐ Peso

☐ Peseta

**45.  ¿Quién ha sido el hombre más rico del mundo?**

☐ John D. Rockefeller

☐ John Paul Getty

☐ Bill Gates

☐ Cornelius Vanderbilt

## RECUERDA

**Tiempo:** 10 minutos (incluido el tiempo para revisar las respuestas).

Cuando no tienes ninguna pista que te ayude, encontrar la respuesta en tu memoria es mucho más difícil. La respuesta a las siguientes preguntas no debería llevarte más de 5 minutos.

1. ¿Quién fue el capitán del primer barco que dio la vuelta al mundo?
2. ¿Quién compuso la música de la trilogía de *El señor de los anillos*?
3. ¿Qué dos líneas siguen a esta canción «Contigo aprendí/ que existen nuevas y mejores emociones»?
4. ¿Dónde encontrarías el diamante Koh-I-Noor?
5. ¿Para quién se hizo el ejército de terracota?
6. ¿Cuál era el nombre real de Lenin?
7. ¿En qué ciudad está el Taj Mahal?
8. ¿Cuál es el pez más grande del mundo?
9. ¿Cuál es la velocidad de la luz en km/segundo?
10. ¿Por qué son famosos John Bardeen, Walter Brattain y William Shockley?
11. ¿Cuáles son los ingredientes de la salsa pesto?
12. ¿Quién ganó la Copa de Europa de Clubs en 2005?
13. ¿Qué es una rádula?
14. ¿Cuál es el planeta más grande del sistema solar?
15. ¿Quién dijo: «El aspecto positivo de la muerte es que es una de las pocas cosas que pueden hacerse estando cómodamente tumbado»?
16. ¿Quién fue elegido presidente de Venezuela en 1998?

17. ¿Cuál es la montaña más alta de Europa?
18. ¿Quién dijo: «El infierno son los otros»?
19. ¿En qué país se encuentra la zona más húmeda del mundo?
20. ¿Quién pilotó el módulo de comando del Apolo 11 en el alunizaje?
21. ¿Qué patriota irlandés fue conocido como el Big Fellow?
22. ¿Cuántos kilos tiene una tonelada?
23. ¿A qué grupo de animales nos referimos con el nombre colectivo piara?
24. ¿Dónde encontrarás el cuadro de Leonardo *La última cena*?
25. ¿En qué país comes pelmeni?
26. ¿Quién dirigió la película *Eduardo Manostijeras*?
27. ¿Quién fue el presidente de la UE en 2006?
28. ¿Cuál es la capital de la región italiana de Toscana?
29. ¿Cuáles son los cuatro huesos principales del brazo humano?
30. ¿Cuáles son los estados más grandes de *a*) India y *b*) Estados Unidos?

## MEMORIA EPISÓDICA A LARGO PLAZO

**Tiempo:** 35 minutos

Los recuerdos más importantes, los que enriquecen nuestra vida y definen quiénes somos, son nuestros recuerdos episódicos. Algunos son tan poderosos que permanecen con nosotros durante toda nuestra vida. La mayoría, sin embargo, pueden desvanecerse con el tiempo. En general, no desaparecen todos juntos, y normalmente, si te empeñas, puedes volver a recuperarlos. A veces no recuerdas los detalles, lo que dificulta reconocer si estás recordando algo tal como era o si te estás imaginando una parte.

¿Con qué claridad puedes recordar estas cosas en tu vida? Dedica 5 minutos para pensar en todas las preguntas que vienen a continuación:

1. ¿De qué color era tu primer dormitorio cuando eras pequeño/a?
2. ¿Cómo te sentiste tu primer día de colegio?
3. ¿Recuerdas el momento en que pasaste más vergüenza de pequeño/a?
4. ¿Quién era tu mejor amigo/a en el colegio?
5. ¿Qué coche tenían tus padres cuando tenías 9 años?
6. ¿Cómo pasabas las vacaciones cuando tenías 10 años?
7. ¿Quién fue tu primer amor?
8. ¿Quién fue tu primer profesor/profesora en la escuela de primaria?
9. ¿Cuál fue tu mayor travesura de pequeño/a?
10. ¿Cuál fue tu mayor hazaña de pequeño/a?
11. ¿Cuándo te sentiste más orgulloso/a?
12. ¿Por dónde pasabas para ir a la escuela?
13. ¿Cuál fue la primera película u obra de teatro que fuiste a ver?
14. ¿Cuál fue el día más excitante de tu infancia?
15. ¿A qué olía la cocina de tu madre por la mañana antes de que te marcharas al colegio?

Estas son preguntas sencillas y es muy probable que hayas dado una respuesta sencilla a cada una. Puede que hayas dicho, por ejemplo, que tu primera habitación era azul. Sin embargo, has pasado más tiempo pensando en la habitación y seguro que han aparecido todo un montón de detalles (objetos, tu forma de verla, cómo te sentías en ella, etcétera). De hecho, hasta podrías sentir que revivías la experiencia de estar allí. Lo sorprendente es la claridad con la que puedes recordar las cosas aunque sean del pasado, siempre que dediques un tiempo. Cuanto más intentas recordar el pasado y estirar tu memoria, más fácil te resultará recordar episodios. También descubrirás que tus recuerdos se vuelven más detallados.

Las 4 semanas siguientes de este programa de 7 semanas, todas ellas incluyen una sesión de 15 minutos para explorar minuciosamente 3 de las preguntas que he planteado arriba. Cada vez te encontrarás en un lugar tranquilo donde podrás cerrar los ojos y retroceder en el tiempo. No te preocupes si tu mente empieza a vagar: si la dejas, puede que te lleve por todo tipo de caminos interesantes. Si te desvías mucho durante demasiado rato, vuelve lentamente al hecho que se te plantea en la pregunta e intenta explorar otra ruta.

Hoy sólo te vas a centrar en las tres primeras. Dedica 10 minutos a cada una de ellas procurando recordar los máximos detalles, utilizando todos tus sentidos. Prueba a dibujar un Mapa Mental para que te ayude a explorar cada episodio.

1. ¿De qué color era tu primer dormitorio cuando eras pequeño/a?
2. ¿Cómo te sentiste tu primer día de colegio?
3. ¿Recuerdas el momento en que pasaste más vergüenza de pequeño/a?

## MANTÉN VIVOS TUS RECUERDOS

Intenta crearte el hábito de refrescar tus recuerdos de las experiencias, hechos e información que desees recordar. Puedes hacerlo de muchas formas, por ejemplo:

1. **Empieza un diario de un Mapa Mental que te ayude a recordar los episodios más importantes de tu vida.**
2. **Dedica una hora o más cada mes a revivir uno de tus episodios elegidos con todos los detalles que puedas recordar.**
3. **Escribe los detalles del acontecimiento en una página en blanco de tu diario.**
4. **Recopila cualquier recuerdo que tengas.**
5. **Cuando haya reuniones familiares o de amigos, procura compartir los recuerdos con detalle.**
6. **Utiliza detonadores como ayuda: si el día que intentas recordar notaste olor a cebolla, coge una cebolla y olfatéala. Si sonaba una música que te emocionó, búscala y ponla. Si sucedió en un lugar en concreto, vuelve a ese sitio si está cerca.**

Al volver a capturar los recuerdos de este modo, deberías recordarlos bien siempre que lo desees.

Tener un diario de Mapas Mentales o incluso uno convencional te ayudará a refrescar recuerdos importantes. Un diario o un Mapa Mental es una copia de seguridad infalible de tus recuerdos, y una forma útil de tonificar tu memoria episódica.

Si no quieres tener un diario de Mapas Mentales ni uno convencional, vale la pena que dediques un tiempo a recordar tus momentos más importantes del día antes de acostarte. Recuerda el escenario y el contexto mientras todavía están frescos. Reflexiona sobre el acontecimiento (quién estaba allí, qué se dijo, cómo te sentiste, etcétera). De este modo se grabará claramente en tu memoria a largo plazo cuando duermas.

## MEMORIA DE PROCEDIMIENTO A LARGO PLAZO

**Tiempo:** 30 minutos

Los recuerdos de procedimiento son lo que sueles dar por hecho, las habilidades cotidianas que te resultan tan familiares y que haces de manera automática, desde prepararte una taza de café hasta poner el DVD a grabar. ¿Hasta qué punto conoces estas tareas?

Tu tarea será preparar una taza de té o de café como haces cada día. Intenta hacerlo recurriendo sólo a la memoria sin ninguno de los objetos que te ayudan. Si normalmente te la preparas en la cocina, haz este ejercicio en otra habitación. Realiza el proceso de hacerlo en tiempo real, intenta recordar todos y cada uno de los movimientos que haces y cómo los haces. Procura recordarlo con detalle y con la mayor precisión posible.

- **¿Dónde están las cosas en la cocina? ¿Cómo te mueves entre ellas?**
- **¿Cómo realizas el resto de los pasos necesarios para prepararte el café?**
- **¿Cómo te sientes cuando tienes en la mano los distintos elementos que necesitas? ¿Cómo los mueves?**

Rebobina toda la visualización con sumo cuidado y esmero. Procura no exagerar. Simplemente recuérdalo tal como es. Piensa un poco para recordar todos los detalles. Cuando creas que ya has visualizado claramente el proceso, ve a la cocina y hazte el té o el café. Mientras lo haces, revisa tus movimientos. ¿Cuánto te habías aproximado cuando hiciste el ejercicio? ¿Qué errores cometiste? Prueba a hacer este ejercicio con otras tareas habituales. Por ejemplo:

1. **Darte un baño o una ducha.**
2. **Planchar una prenda.**
3. **Hacerte el nudo de la corbata.**
4. **Hacerte una tortilla.**
5. **Limpiarte los zapatos.**

Te darás cuenta de que eres mucho más consciente de la forma en que haces las cosas. Dedica una hora al ejercicio que hayas elegido, tanto si es ir a dar un paseo al aire libre, como hacer tai chi en el jardín o nadar varios largos de piscina.

## COJÍN MENTAL: RELAJACIÓN

**Tiempo:** 30 minutos

Tu última tarea del día es dedicar la última parte del día a potenciar el cerebro relajándote 30 minutos. Como ya has hecho otras veces, busca un lugar cómodo donde no te moleste nadie y practica la técnica de respiración para relajarte descrita en la página 194 del capítulo 7.

## TAREA DE LA SEMANA

## Tónico de la memoria

**Tiempo:** 10 minutos, más el tiempo para el recitado.

Esta semana tu tarea consistirá en ir a un café, un museo o un parque al que no suelas ir. Tienes 10 minutos para memorizar el breve poema que viene a continuación. Si lo prefieres, elige otro o una historia breve.

> Si tuviese yo las telas del cielo,
> recamadas con luz dorada y plateada,
> las telas azules y tenues y las oscuras
> de la noche y de la luz y la media luz,
> extendería las telas bajo tus pies:
> pero siendo pobre, sólo tengo mis sueños
> He extendido mis sueños bajo tus pies;
> pisa con cuidado porque pisas mis sueños.
>
> *WILLIAM BUTLER YEATS*

Anota en tu diario que en casa te vas a dedicar a recordar el poema durante tres días. Cuando tengas que recitarlo, visualiza dónde lo has aprendido con el máximo detalle. La visualización de este recuerdo episódico debería ayudarte a recordar.

# MANTÉN TU MENTE EN FORMA
## Semana 4
**Tiempo:** 3 horas aproximadamente

Esta semana vamos a centrarnos en la memoria sensorial a largo plazo. Toda la información que llega a tu cerebro lo hace a través de tus sentidos, y la calidad de tus pensamientos está parcialmente limitada por la calidad de la recepción. Por esta razón es muy importante que tus sentidos estén bien afinados.

Hablamos de los cinco sentidos principales: la vista, el oído, el gusto, el olfato y el tacto, como si fueran independientes el uno del otro y fáciles de distinguir. Nuestro cerebro, sin embargo, está programado para darnos una información general de nuestro entorno. Para registrar algo plenamente con sólo un sentido hemos de concentrarnos de manera consciente en él. Entrenar tus sentidos a que se centren en algo puede aumentar espectacularmente tu percepción. Un oído desentrenado, por ejemplo, rara vez puede percibir más de cuatro pájaros distintos en el bosque. El oído entrenado de un observador de aves puede percibir diez o más. Entrenar los sentidos para concentrarte de formas concretas puede aumentar la intensidad con la que percibes las cosas.

## ENFOCA TUS SENTIDOS

**Tiempo:** 10 minutos

Busca un lugar cómodo para sentarte en tu casa y dedica 1 minuto a cada sentido.

*Oído*

**Tiempo:** 1 minuto

Cierra los ojos y escucha detenidamente todos los sonidos.

> ¿Puedes identificar todos los sonidos?
>
> ¿De dónde proceden?
>
> ¿Hay algunos sonidos que están en los límites de tu audición?

*Vista*

**Tiempo:** 1 minuto

Abre los ojos y míralo todo como si fuera por primera vez.

> Explora la habitación procurando recordarlo todo.
>
> Observa cosas concretas una a una.
>
> ¿Hay algo en lo que no te habías fijado antes?

*Tacto*

**Tiempo:** 1 minuto

Vuelve a cerrar los ojos y concéntrate en las sensaciones que proceden de todas las partes de tu cuerpo.

> ¿Puedes notar el movimiento del aire?
>
> ¿La presión de tu cuerpo en el asiento?
>
> ¿Tu ropa?

Ahora mueve lentamente las manos y siente diferentes cosas: tu ropa, tu cara, la silla, etcétera.

> ¿Qué texturas diferentes notas?
>
> ¿Notas las cosas calientes o frías?

¿Son suaves o duras, lisas o rugosas?

¿Puedes identificar fácilmente las distintas superficies?

*Olor*

**Tiempo:** 1 minuto

Sigue con los ojos cerrados e inspira lentamente.

¿Notas humedad en el aire?

¿Hueles los gases de los vehículos?

¿Hay algún olor a comida?

¿Puedes oler cosas naturales como flores o árboles?

¿Hay olor a basura o a alguna actividad industrial?

Aunque no hubiera ningún olor evidente, te sorprenderá observar cuántas cosas puedes oler si te concentras lo suficiente durante un rato. Con frecuencia hace falta tiempo para identificar un olor en particular. Si no puedes, abre los ojos, levántate y procura averiguar su fuente.

*Gusto*

**Tiempo:** 1 minuto

Ahora cierra de nuevo los ojos y concéntrate en el gusto. Recorre tu boca con la lengua.

¿Identificas algún sabor?

¿Notas el sabor de tu propia saliva?

¿Te queda algún sabor de tu última comida?

Ahora chúpate el dedo y concéntrate en su sabor. Te sorprenderá su intensidad.

## LA EXPERIENCIA COMPLETA

**Tiempo:** 5 minutos

Busca una manzana. Mírala detenidamente. Examina sus distintos tonos, brillo y manchas.

Cógela y gírala en tu mano. ¿Cómo la sientes: suave, cerosa, seca, rasposa? Huélela. ¿A qué huele? ¿Notas el olor del árbol del que procede? ¿Qué textura tiene, crujiente o rugosa? ¿A qué sabe, dulce o ácida?

**Consejo:** practica estos ejercicios regularmente siempre que puedas. Dedica un momento a cerrar los ojos y a sentir los sonidos y olores cuando vas en autobús o en tren. Puedes hacer una breve pausa y mirar los objetos de tu oficina o casa como si fuera la primera vez.

## REFRESCA TU MEMORIA EPISÓDICA

**Tiempo:** 15 minutos

La semana pasada intentaste recordar tres escenas de tu pasado. Esta semana intenta recordar todos los detalles que rodean a las tres preguntas que vienen a continuación.

Busca un lugar tranquilo donde puedas cerrar los ojos y retroceder en el tiempo. Intenta recordar cada escena con los máximos detalles, utilizando todos tus sentidos. Puede que te resulte útil dibujar un Mapa Mental cuando exploras cada escena. No te preocupes si tu mente divaga: te conducirá de forma natural a todo tipo de caminos interesantes si le das tiempo. Si te alejas demasiado, vuelve relajadamente al hecho que se te plantea en la pregunta e intenta explorar otra vía. Dedica 5 minutos a cada pregunta.

1. ¿Quién era tu mejor amigo/a en el colegio?
2. ¿Qué coche tenían tus padres cuando tenías 9 años?
3. ¿Cómo pasabas las vacaciones cuando tenías 10 años?

## AUMENTA LA CAPACIDAD DE TU MEMORIA SENSORIAL

**Tiempo:** 85 minutos

*Visión*
**Tiempo:** 15 minutos

Puesto que nuestros recuerdos visuales son tan fuertes, con frecuencia sobrevaloramos su exactitud. Imaginamos que lo que vemos en nuestros recuerdos es tal como fue. No siempre es así, ni siquiera con las cosas que estamos viendo siempre.

Intenta visualizar algo que veas todos los días, como tu casa desde fuera, o tu mesa de despacho en la oficina. Ahora prueba a dibujarlas con todo detalle. No te preocupes mucho por tu talento como dibujante. Sé diagramático. La finalidad es hacer un plan para que puedas recordar todas las cosas, no se trata de poner a prueba tus dotes artísticas.

Revisa la precisión de tu dibujo con el objeto real. Te sorprenderá ver cuántos detalles recuerdas. ¿Cuántas cosas has colocado en el sitio incorrecto o te has olvidado? ¿Has añadido algo que no estaba?

*Sonido*
## Tiempo: 30 minutos

Como todos sabemos, es diferente oír algo que escucharlo; la diferencia radica en el grado de concentración. Si vives o trabajas en un entorno ruidoso, oyes (no escuchas) toda una gama de sonidos para poder concentrarte en lo que estás haciendo. ¡Igualmente, es más probable que escuches a alguien que te invita a tomar algo que a alguien que te pide que saques la basura!

El objetivo del siguiente ejercicio es conseguir que seas más consciente de todo lo que oyes y escuchas.

### ¿Has escuchado algo nuevo?
**Tiempo:** 10 minutos
Siéntate en una silla y dedícate a escuchar todos los sonidos que te rodean; hasta en una casa vacía hay ruidos. ¿Qué sonidos has escuchado que no notarías habitualmente?

### Sintoniza la radio
**Tiempo:** 20 minutos
Coge algunos lápices de colores y papel y sintoniza un programa radiofónico serio, dramático, o que hable de problemas graves. No lo pongas muy alto, sólo lo suficiente para que puedas oír claramente y concentrarte en lo que se está hablando.

Mientras escuchas, dibuja un Mapa Mental que te ayude a recopilar toda la información clave. Tu Mapa Mental te ayudará a escuchar con más esmero y a captar la información más destacada.

*Tacto*

**Tiempo:** 30 minutos

Puesto que vivimos en un mundo visual tan estimulante, no siempre apreciamos de qué forma nuestro sentido del tacto nos transmite información sobre el mundo. Los bebés son mucho mejores en esta habilidad y siempre están explorando cómo sienten las cosas, en general poniéndoselas en la boca.

Los ejercicios que vienen a continuación te ayudarán a redescubrir el grado de información que puedes recopilar sólo con el tacto.

## ¡Siente el dinero!

**Tiempo:** 15 minutos

Ponte varias monedas —al menos de cinco valores distintos— en el bolsillo o en una bolsa. Ahora mete la mano e intenta identificarlas sólo mediante el tacto. Saca la moneda para comprobarlo y luego vuelve a ponerla en su sitio.

Si te resulta fácil, prueba el mismo ejercicio incluyendo monedas extranjeras que hayas guardado de tus viajes.

Piensa en qué criterio vas a usar para distinguirlas: tamaño, grosor, cantos acordonados, etcétera.

Ahora, comprueba si puedes identificar las caras de cada moneda: ¿cara o cruz?

Cuando le hayas cogido el tranquillo al ejercicio, deberás probar algo un poco más difícil. En el siguiente ejercitarás el tacto y la exactitud de tu percepción espacial.

## Filas de patatas

**Tiempo:** 15 minutos

Coge una bolsa de patatas pequeña; las nuevas son ideales. Saca seis patatas de distintos tamaños y organízalas en una fila al azar.

Ahora, fíjate bien en la primera patata de la fila, intenta elegir otra de tamaño idéntico en la bolsa, sólo por el tacto.

Cuando tus manos encuentren una patata del tamaño correcto, sin mirarla, sácala y ponla sobre la mesa detrás de ti.

Repite esta operación con todas las patatas que están en la hilera.

Cuando tengas las que creas que se corresponden con las seis patatas iniciales, compara las patatas que has sacado al principio y comprueba cómo lo has hecho.

**Consejo:** si ves que se te da bastante bien, prueba con frutas o verduras de tamaños más similares, como las cerezas.

### Gusto y aroma

**Tiempo:** 10 minutos

Al igual que sucede con la memoria, los sentidos del gusto y del olfato también se han de entrenar para que estén en forma. Esto es especialmente necesario si fumas, puesto que fumar perjudica la sensibilidad de ambos. Los conocedores de la buena comida y bebida —como los catadores de vinos, por ejemplo— son conocidos por su habilidad para realizar distinciones muy sutiles de sabor en un vino viejo. Esto es porque siempre están entrenando sus paladares.

La lengua sólo puede hacer grandes distinciones entre los cinco sabores: dulce, ácido, salado, picante y amargo; por esto, la mayoría de las diferenciaciones sutiles entre los sabores se encuentran en su aroma (la nariz puede distinguir aproximadamente 10.000 aromas). Por esta razón, es la nariz la que tiene más margen para entrenarse. El aroma de una frambuesa, por ejemplo, procede de la interacción de más de 300 sustancias químicas. Aunque los científicos puedan lograr una leve aproximación a ese aroma con tan sólo un puñado de sustancias, es tan burda que hasta una nariz poco entrenada puede decir que es artificial. Los expertos pueden distinguir entre diferentes tipos de frambuesas sólo por el olor.

Empieza a prestar atención al olor de tu comida. Nota el aroma antes de masticar y de tragar e intenta identificar los distintos aromas. Hasta puedes convertirte en un conocedor de tu comida o bebida favorita. ¿Qué puede haber más placentero que afinar tus sentidos del gusto y del aroma? No tiene por qué tratarse de vino. Puede ser whisky, queso, café, pan o frutas, cualquier cosa que te guste.

Puede que te preguntes por qué es tan importante para tu memoria que tu gusto y olfato estén tan bien entrenados. La respuesta es porque estos sentidos son muy poderosos para grabar y recordar cosas. ¿Cuántas veces ibas por la calle y el perfume de un transeúnte te ha recordado a alguien que conoces? Si te gusta esa persona, es muy probable que te haga sentirte feliz. Por el contrario, si no te gusta, probablemente tendrás una reacción negativa a ese olor. Esta es la razón por la que regresar a un lugar con un olor muy característico, como, por ejemplo, tu antigua escuela, puede desencadenar recuerdos y emociones que podían haber estado dormidos durante años.

## Gusto y olfato

Cada vez que comas o bebas algo durante el día, dedica 1 minuto a oler sus aromas e identificarlos. Aunque sea un simple vaso de agua, huélelo cuidadosamente y observa la textura y el sabor del agua. Por ejemplo, existe una enorme diferencia entre el agua del grifo y la embotellada en lo que a textura y sabor se refiere. Cuando vuelvas a comer, procura identificar las especias y hierbas que se han utilizado. Mastica bien cada bocado y aprecia lo que estás comiendo. Esto proporciona una experiencia más satisfactoria para los sentidos y también es mejor para todo el proceso digestivo.

## MUÉVETE

**Tiempo:** 60 minutos

Ha llegado el momento de que muevas el cuerpo durante una hora. Si has elegido formas muy suaves de ejercicio durante las tres primeras semanas, hoy procura esforzarte un poco más. Por ejemplo, si has ido a pasear, procura andar un poco más y un poco más deprisa. Coge otra ruta, ¡a tu cerebro le encanta la variedad!

## COJÍN MENTAL: RELAJACIÓN

**Tiempo:** 30 minutos

Durante las tres últimas semanas has estado practicando el ejercicio de relajación de la página 194. Esta semana, prueba a hacer los estiramientos y la relajación de la página 190.

## TAREA DE LA SEMANA

**Tiempo:** 20 minutos al día

Tu tarea esta semana es seguir aguzando los sentidos. Durante los cuatro días siguientes prueba a hacer esto:

**Vista.** Dedica 5 minutos a visualizar una escena en tu entorno cotidiano, luego revisa con qué exactitud lo has hecho. Cada vez has de ser más exacto.

**Sonido.** Dedica 5 minutos a sentarte a escuchar todos los sonidos con los ojos cerrados. Hazlo en diferentes lugares cada vez, por ejemplo en la cama, en un transporte público o sentado en un parque.

**Tacto.** Dedica 5 minutos a repetir el ejercicio de la página 260, utilizando en cada ocasión una fruta o verdura diferente, por ejemplo zanahorias, cerezas o nueces.

**Gusto y aroma.** En cada comida saborea y huele los aromas de lo que estás comiendo e intenta distinguir los diferentes condimentos que forman su sabor.

# MANTÉN TU MENTE EN FORMA
## Semana 5
**Tiempo:** 2 horas y 15 minutos aproximadamente

Esta semana intentarás mejorar tu poder de concentración, una parte esencial para el rendimiento general de tu memoria. Haremos esto de tres formas:

### 1. Enfocar/concentrarse
El enfoque mejora la fuerza de la información que recibes y potencia el número de conexiones neuronales que se realizan.

### 2. Amplificar
Amplificar significa activar más redes neuronales añadiendo significado, emoción, contexto, etcétera.

### 3. Trucos
Los trucos implican realizar conexiones para recordar mejor.

## MEJORA TU CONCENTRACIÓN

Si has podido llevar a cabo todos estos ejercicios de memoria sensorial, tu capacidad de concentración habrá mejorado significativamente. Veamos si todavía puedes mejorarla.

### ¿Cuál es tu grado de concentración?

Algunas personas están tan concentradas que rozan la obsesión. Otras tienen la cabeza tan en las nubes que alguien se caería muerto a su lado y ni siquiera se enterarían. ¿En qué escala te encuentras tú? Prueba a responder a las preguntas de este test para averiguar si tienes algún problema.

*Puntuación:*

2 puntos para «nunca»

1 punto para «a veces»

0 puntos para «a menudo»

1. No me fijo en el tiempo.
2. Siempre me pillan por sorpresa.
3. Pienso en otras cosas cuando hablo con alguien.
4. Veo la televisión mientras como.
5. Me cuesta dar indicaciones a extraños cuando se pierden por mi barrio.
6. Me distraigo con tareas de la casa que pueden esperar.
7. Intento hacer varias cosas a la vez.
8. Me olvido de las citas sin importancia.
9. Siempre tengo música en la radio.
10. Me agobio con tareas sin importancia.
11. La gente cree que soy despistado.
12. No oigo las cosas, aunque tengo buen oído.
13. Me siento cansado durante el día.
14. No puedo hacer nada durante mucho rato.
15. No duermo bien.
16. Como deprisa.
17. Me salto mi parada del autobús/metro.
18. Siento ansiedad sin razón alguna.
19. Hay muchas cosas que no me parecen interesantes.
20. Se me olvidan cosas de la lista de la compra.
21. Me fijo cuando algún amigo se ha cortado el pelo.

**28-42** Eres muy bueno fijándote en las cosas, ¡quizás hasta un poco demasiado! Podrías relajarte y dejar que tu mente vague de vez en cuando.

**14-27** Puedes concentrarte cuando te lo propones. Con frecuencia no lo haces, te distraes con tonterías, o tienes momentos de despiste como entrar en una habitación y preguntarte qué has ido a hacer allí. Los ejercicios que vienen a continuación deberían ayudarte.

**0-13** ¡Estás en la Luna! Puede que simplemente seas un soñador o que estés pasando una temporada de mucho estrés. A veces dejamos de prestar atención al mundo que nos rodea cuando los problemas de la vida nos parecen demasiado grandes. Esto se agudiza cuando no duermes bien. Antes de que notes la diferencia con los ejercicios que vas a realizar, deberías controlar tu grado de estrés. Haz una de las técnicas para combatir el estrés del capítulo 7, luego date una recompensa. Ve más despacio y concédete tiempo para disfrutar de las comidas y del sueño. Sólo entonces puedes probar a hacer los ejercicios que vienen a continuación.

## ¿ERES BUEN OBSERVADOR?

**Tiempo:** 3 minutos

¿Cuántas cosas observas del mundo que te rodea? A ver si puedes responder a estas preguntas sobre tu vida cotidiana, sin mirar:

1. ¿Qué artículos tienes en el estante del cuarto de baño?
2. ¿Qué marca de jabón usas?

3. ¿Hacia qué lado se abre la puerta de tu sala de estar, hacia la derecha o hacia la izquierda?
4. ¿De qué color es el tubo de tu pasta de dientes?
5. ¿De qué marca es tu televisor?
6. ¿Dónde tienes las llaves en este momento?
7. Si trabajas en una ciudad, ¿cuántos kioscos de prensa hay en la calle donde trabajas?
8. ¿Cómo se llama la tienda más próxima?
9. ¿De qué color es la fachada de la casa de tu vecino?
10. ¿De qué especie es el árbol más cercano a tu casa?

Ahora revisa tus respuestas en la medida de lo posible. Si has acertado más de 7, es evidente que eres muy observador y que estás concentrado. Muy bien. Si has acertado menos de 3, es que el mundo pasa por tu lado sin que apenas te des cuenta. La siguiente sección te ayudará a trabajar tu capacidad de observación y a aprender a concentrarte.

## ¿QUÉ ES LO QUE TE MOTIVA?

El interés y la concentración van unidos: si estás interesado en algo es mucho más probable que le dediques toda tu atención. Si puedes identificar qué es lo que te motiva para concentrarte en lo que estás haciendo, te será más fácil recordarlo. Por ejemplo, si decides aprender un idioma extranjero, te puede motivar la idea de ir a ese país. Fijarte metas y recompensarte cuando las consigues es una gran forma de encontrar motivación personal y de concentrarte.

Estar concentrado en y comprometido con lo que pasa a tu alrededor también es una costumbre que puedes cultivar. Los siguientes ejercicios te ayudarán.

## MULTITAREA

**Tiempo:** 3 minutos

Prueba a leer este pasaje al mismo tiempo que cuentas silenciosamente.

Hubo un tiempo en que las antiguas tierras de Gondwana y Laurentia eran marrones y yermas. Al final, se llenaron de vida. Los licopodios crecían tan altos y rectos como árboles. Extensos bosques con sus tallos verdes y escamosos se propagaban por sus ciénagas.

Aquí y allá, en el húmedo terreno que había entre ellos, crecían helechos de dimensiones increíbles, como si fueran postes de telégrafos vivientes. Sus tallos suaves y redondeados eran como cañas de bambú gruesas. Sus plumosas frondas eran delicadas como mariposas verdes que revoloteaban arriba y abajo en el aire húmedo.

Bajo las variables sombras que proyectaban, una gran población de licopodios y helechos menores florecía junto a pequeñas y extrañas plantas sin hojas denominadas horneophyton* (quizá su nombre se deba a que parecen los cuernos de un ciervo).

Ahí vivía todo tipo de animales: arañas y escorpiones, caracoles y babosas, ciempiés y milpiés... e insectos, millones de insectos. Estos animales estaban por todas partes. Reptando por las hojas, subiendo por los tallos. Revoloteando por el aire. Cayéndose al agua. Su incesante actividad impregnaba el bosque primigenio con un zumbido constante.

En esa época, hace 370 millones de años, no había nada que perturbara el tranquilo estilo de vida de estas diminutas

---

* En inglés *horn* significa cuerno. (*Nota de la T.*)

criaturas. Pues la mayor parte de ellas eran vegetarianas, eran felices paciendo en la exuberancia tropical. No había depredadores gigantes que las obligaran a guarecerse; ni aves, ni reptiles, ni musarañas ni ratones, ni nada que las amenazara con una muerte repentina.

Todo cambió cuando llegaron los tetrápodos...

Ahora responde a las siguientes preguntas:

1. ¿Cómo se llamaban las dos tierras antiguas?
2. ¿De dónde sacaron su nombre los horneophyton?
3. ¿Cuánto tiempo hace que cambió este paisaje?
4. ¿Qué sucedió para que cambiara?

Puesto que también estabas intentando contar, es bastante probable que no hayas podido responder correctamente a algunas de las preguntas. Esto se debe a que en realidad muy pocas personas pueden hacer varias cosas a la vez.

Cuantas más cosas haces a un mismo tiempo, más probabilidades tienes de interrumpir el proceso de memorización. En general, puedes retener las cosas en tu memoria operativa durante 30 a 80 segundos, el tiempo suficiente para desempeñar la tarea que estás realizando. Si tus pensamientos quedan interrumpidos durante ese tiempo, la memoria se interrumpe y se pierde fácilmente. Esta es la razón por la que puedes ir de una habitación a otra para buscar algo y olvidarte de lo que era cuando llegas. Eso no es porque te falle la memoria, sino simplemente porque tus pensamientos han quedado interrumpidos por el camino. Esta es la razón por la que la breve interrupción de una llamada telefónica o un grito desde la calle pueden hacerte perder tu ritmo de pensamiento.

Las interrupciones y la multitarea son obstáculos para tu memoria y por eso has de centrarte en realizar las tareas de manera secuencial, en lugar de hacerlas al mismo tiempo. Intenta disciplinarte para completar una cosa antes de empezar otra. Intenta también evitar hacer varias cosas a la vez sólo para complacer a los demás. Si alguien te interrumpe, practica educadamente decir a esa persona que espere a que hayas terminado.

Entretanto, los ejercicios siguientes te ayudarán a practicar la concentración ante las interrupciones y distracciones.

## CONCENTRACIÓN CON LA MEMORIA OPERATIVA

**Tiempo:** 5 minutos

Este ejercicio de concentración utiliza la memoria operativa. A continuación tienes una lista de todos los meses del año, con sus correspondientes gemas y flores, salvo que la lista está en un orden cronológico incorrecto.

Enciende la televisión y pon un programa animado (con el volumen normal). Siéntate cerca y emplea 5 minutos para organizar la información en orden cronológico y memorizarla para cada uno de los meses.

| | | |
|---|---|---|
| Abril | Diamante | Margarita, arvejilla |
| Octubre | Ópalo, turmalina | Caléndula, cosmos |
| Diciembre | Turquesa, zirconio | Acebo, narciso, poinsettia |
| Agosto | Peridoto, sardónice | Gladiolo, amapola |
| Mayo | Esmeralda | Espino, lirio del valle |
| Enero | Granate | Clavel |
| Junio | Alejandrita, piedra de la Luna | Madreselva, rosa |

| Febrero | Amatista | Prímula, violeta |
| Noviembre | Topacio | Crisantemo |
| Marzo | Aguamarina, piedra sanguínea | Junquillo, violeta |
| Septiembre | Zafiro | Áster, campanilla |
| Julio | Rubí | Espuela de caballero, nenúfar |

**Consejo:** prueba a dibujar un Mapa Mental o utiliza el sistema de trucos alfabéticos.

## CONCENTRACIÓN CON LA MEMORIA SEMÁNTICA

**Tiempo:** 5 minutos

El siguiente ejercicio es para que utilices la memoria semántica. Recuerda tantas palabras como puedas de las siguientes categorías. Tal como has hecho antes, siéntate cerca de la televisión y enciéndela, pero ahora pon el volumen bastante alto.

| | |
|---|---|
| Reptiles | Países de África |
| Ciudades de Italia y España | Ríos americanos |
| Compositores | Pájaros tropicales |
| Fabricantes de coches | Películas de dibujos animados |
| Tipos de vino | Verduras |

**Consejo:** dibujar un Mapa Mental te facilitará la tarea.

## CONSEJOS PARA CONCENTRARTE Y CONTINUAR CON LO QUE ESTABAS HACIENDO

Intenta adoptar los siguientes hábitos que te ayudarán en tu vida cotidiana:

1. **Procura aprender algo nuevo cada día.** Lee a conciencia un artículo de algún periódico, moléstate en buscar información sobre tus plantas de interior, lo que quieras. Da prioridad a que tu mente reciba algún tipo de información nueva para que pueda procesarla.
2. **Comparte lo que has aprendido con otras personas.**
3. **Prueba cosas nuevas siempre que puedas.** Cocina algo nuevo una vez a la semana. Varía la ruta que tomas para ir a trabajar. Escucha música diferente. Lee a algún autor que no suelas leer.
4. **Planifica tareas que puedas terminar, luego realízalas.**
5. **Si tu mente divaga, vuelve a enfocarla buscando algo que te interese respecto a lo que estás haciendo.** Por ejemplo, si estás hablando con alguien y te das cuenta de que te estás fijando más en lo grande que es su nariz que en lo que está diciendo, busca algo de lo que diga para intervenir o para desviar la conversación hacia algo que te interese.
6. **Respeta tu mente si estás demasiado cansado/a o estresado/a para prestar atención.** Haz una pausa y descansa. Prueba alguna de las técnicas de relajación del capítulo 7 para restaurar el equilibrio.
7. **Ejercita tu poder de observación estando al tanto de todas las cosas nuevas que sucedan en tu barrio, si han abierto un restaurante nuevo, si alguien ha pintado la fachada de su casa o han puesto una señal de tráfico.**

## REFRESCA TU MEMORIA EPISÓDICA

**Tiempo:** 15 minutos

La semana pasada te pedimos que intentaras recordar tres escenas de tu pasado. Esta semana intenta recordar todos los detalles de las preguntas que te planteamos a continuación.

Busca un lugar tranquilo donde puedas cerrar los ojos y retroceder tranquilamente en el tiempo. Intenta recordar cada escena con todos los detalles posibles, utilizando todos tus sentidos. Puede que te ayude dibujar un Mapa Mental mientras vas explorando cada escena con todo detalle. No te preocupes si tu mente divaga: seguro que si la dejas, te lleva por todo tipo de senderos interesantes. Si te despistas demasiado, haz que vuelva lentamente a la pregunta e intenta explorar otra vía. Dedica 5 minutos a cada pregunta.

1. ¿Quién fue tu primer amor?
2. ¿Quién fue tu primer profesor/profesora en la escuela de primaria?
3. ¿Cuál fue tu mayor travesura de pequeño/a?

## AMPLIACIÓN Y TRUCOS

Cuanto más llamativo y chillón es algo cuando sucede —más fuerte es la emoción que sientes, más atrevidos los colores, más alto el ruido, más raras las circunstancias—, más grabado se queda en la memoria. Esto es porque cuando amplías los acontecimientos y la información, como ya habrás observado, utilizas tu imaginación, y si puedes involucrarla, te será mucho más fácil recordar lo que desees.

*VER A LO GRANDE*
**Tiempo:** 10 minutos

La amplificación visual es especialmente importante, puesto que la mayoría de las personas confían mucho en el sentido de la vista.

Pongamos el ejemplo de que te has de acordar de una fecha importante o de una cita. Para ayudarte a grabártela en la mente, garabatéala en tu diario con los colores más chillones que tengas; rodéala con estrellitas o formas raras, lo que quieras. No te olvides de escribir la hora y la fecha; aunque el diario ya la incluya, tu memoria la recordará mejor si la escribes tú. Mejor que una página de un diario, hazte una nota gigante para colgar, con la fecha y el acontecimiento en letras grandes, y ponlo en algún sitio que esté muy de paso en tu casa. Ve cambiando la nota de lugar cada día: es sorprendente con qué facilidad se acostumbra el ojo y deja de fijarse en las cosas más llamativas si éstas no cambian de sitio.

Para que veas lo eficaz que puede ser la amplificación, copia esta lista de palabras rápida y pulcramente en una hoja de papel.

| | |
|---|---|
| Hormigón | Faja |
| Normal | Tobogán |
| Subterráneo | Abstracto |
| Vertical | Hermano |
| Árbol | Juncia |
| Tienda | Interno |
| Bárbaro | Rapsódico |
| Presidente | Carretera |
| Gigantesco | Clínico |
| Plano | Café |

Ahora tapa la lista y, utilizando el sistema de trucos que prefieras del capítulo 3 (trucos alfabéticos, numéricos o el método de los *loci*), emplea 5 minutos para recordar todas las palabras que puedas. Cuando truques las palabras con el sistema que hayas escogido, asegúrate de hacerlo de la forma más imaginativa y descabellada posible.

Sin el sistema de trucos, la mayoría de las personas tendrían que esforzarse mucho para recordar más de 10 palabras. Con la ayuda de la ampliación y la técnica de la memoria, deberías recordar TODAS las 20 palabras fácilmente.

Prueba a hacer el mismo ejercicio con la lista de palabras que hay a continuación, sólo que esta vez coge una hoja de papel grande y lápices de colores. A medida que memorizas cada palabra, garabatéala en la hoja con letras muy grandes y haz un icono burdo al lado de la misma para relacionarla con el sistema de trucos. Trabaja rápido eligiendo lápices de distintos colores y un estilo de letra diferente para cada palabra. Al igual que antes, no tardes más de 5 minutos para recordarlas todas.

| | |
|---|---|
| Repercusión | Ganga |
| Día | Mastodóntico |
| Corazón | Verde |
| Brazo | Significado |
| Cuerpo | Especial |
| Cocinar | Pertinente |
| Calle | Habitual |
| Negocio | Encuentro |
| Tiempo | Occidental |
| Cielo | Breve |

Tapa la lista y tus dibujos, a ver cuántas palabras recuerdas ahora. Es muy probable que te cueste menos recordar porque has creado una imagen coloreada de cada palabra.

Puedes aplicar la misma técnica a todo lo que desees para asegurarte de que lo recuerdas, como:

1. **los factores clave de un ensayo**
2. **los elementos esenciales de tu plan comercial**
3. **lo que has de comprar en la tienda**
4. **las cosas que te has de llevar de vacaciones**
5. **ideas para regalos**
6. **una charla o presentación**

*OÍR A LO GRANDE*

**Tiempo:** 4 minutos

Cuando no puedas o no sea importante exagerar visualmente, puedes intentar amplificar el sonido de lo que deseas recordar. Intenta recordar estas cuatro líneas de poesía leyéndolas tres veces en silencio. No dediques más de 2 minutos.

> ¡Mírala, sola en el campo,
> esa serrana solitaria!
> Segando y cantando ella sola.
> ¡Párate aquí, o pasa suavemente!

Tapa el libro y a ver cuánto puedes recordar. ¿Cómo lo has hecho? ¿Te ha costado más de lo que pensabas? Ahora prueba con las cuatro líneas siguientes de este famoso poema de William Wordsworth que lleva por título «La segadora solitaria». Pero esta vez prueba a cantar las líneas en voz alta, muy alta, tres veces. No dediques más de 2 minutos.

> Sola corta y ata el trigo,
> y canta melancólicamente.
> ¡Escucha! porque todo el profundo valle
> está inundado de sonido.

Tapa el libro y a ver cuánto puedes recordar. Es probable que te resulte mucho más fácil esta vez; de hecho, deberías recordar las líneas perfectamente.

Puedes aplicar la misma técnica para otras cosas que tengas que recordar rápidamente:

1. Números de teléfono
2. Nombres de personas
3. Puntos clave o frases para una conferencia
4. Puntos clave de una presentación
5. Poesía
6. Listas de la compra
7. Listas de cosas pendientes
8. Temas para hacer una redacción
9. Citas

## BAILAR Y CANTAR

**Tiempo:** 3 minutos

Cuantos más sentidos puedas involucrar en la amplificación, más fáciles de recordar serán las cosas.

En la década de 1980, los científicos usaron rayos láser para medir con mayor exactitud la velocidad de la luz. El resultado fue de 299.792.458 metros por segundo. Esta medida no se revisará nunca. Si en el futuro se hacen mediciones más exactas, será la longitud del metro la que cambiará, no la velocidad de la luz.

Intenta recordar la velocidad de la luz utilizando uno de los sistemas de trucos numéricos. Dibuja cada uno de los dígitos cuando los memorices. Utiliza distintos colores y haz cada número e imagen que quieras dibujar tan grande o exagerado como puedas. Canta cada número en voz alta cuando lo dibujas, lo que será especialmente eficaz cuando utilices el sistema de trucos con rimas.

Vuelve a hacerlo mañana y verás cómo todavía lo recuerdas. ¡Hay muchas probabilidades de que así sea!

## MUÉVETE

**Tiempo:** 60 minutos

Ha llegado la hora de tus 60 minutos de ejercicio y de notar sus beneficios. Idealmente, deberías hacer ejercicio 3 o 4 veces a la semana. Intenta adoptar esta costumbre de hacer 30 minutos de ejercicio 3 o 4 veces a la semana entre cada sesión semanal.

Esta semana la rutina puede variar un poco más. Por ejemplo, si has ido a nadar, prueba a hacer unos cuantos largos de piscina en un estilo que no suelas practicar. Si no has ido a nadar, ¿podrías hacerlo hoy?

## COJÍN MENTAL: RELAJACIÓN

**Tiempo:** 30 minutos

La semana pasada practicaste las técnicas de relajación y estiramientos de la página 190. Dedica hoy otros 30 minutos a estas prácticas.

---

### TAREA DE LA SEMANA

**Tiempo:** 5 minutos × 6

Durante el resto de la semana, dedica todos los días 5 minutos a utilizar uno de los sistemas de trucos para recordar lo siguiente. Cada vez que recurras a la lista, comprueba si puedes recordar lo que has aprendido el día anterior. Intenta recordar algunos temas de la lista cuando algo te distraiga —como una radio con el volumen muy alto cerca de ti— para mejorar tu poder de concentración.

1. Un número de teléfono de tu agenda de teléfonos.
2. Una fecha importante para dentro de un mes o dos.
3. Un verso de un poema que te guste.
4. Todas las cosas de tu lista de la compra.
5. Los nombres de tres personas que hayas conocido durante la semana.
6. La fecha de nacimiento de un amigo o pariente.

Por último, ¿todavía recuerdas la velocidad de la luz?

---

# MANTÉN TU MENTE EN FORMA
## Semana 6
**Tiempo:** 2 horas y 15 minutos aproximadamente

Esta semana concéntrate en dos áreas para poner a punto tu mente, concretamente en tus habilidades lógicas y espaciales.

## ¿PIENSAS CON LÓGICA?

*CON CARTAS*

**Tiempo:** 3 minutos

Resolver problemas siempre es más fácil cuando se te plantean de modo que puedas relacionarlos con algo. En la década de 1960, el psicólogo británico Peter Wason (1924-2003) diseñó un test de cuatro cartas para ver con qué grado de lógica pensaba la gente. Wason era un jugador de ajedrez de fama mundial y quería demostrar la idea de que las personas se ven inducidas a hacer las cosas por pura lógica. Existen muchas variaciones de esta prueba de cuatro cartas, pero todas ellas son con una baraja de cuatro cartas impresas por ambas caras.

- **Imagina que un fabricante de juegos de mesa te ha pedido que revises que las cartas de su baraja se han impreso correctamente. Las cartas están impresas con cuadrados y círculos por una cara, y de azul y rojo por la otra. La regla es que si una carta tiene un cuadrado por una cara, será azul por la otra.**
- **Te dan cuatro de las cartas: una con un círculo, otra con un cuadrado, otra azul y otra roja. ¿Qué cartas has de girar para ver si se ha cumplido la regla?**
- **Piénsalo detenidamente ¡y no mires la respuesta!**

## La solución

La mayoría responde que has de girar la carta del cuadrado y la azul. De hecho, la respuesta es girar la carta con el cuadrado y la roja. La razón es que se puede ver si se ha roto la regla, sólo si se encuentra una carta con un cuadrado por un lado y roja por detrás. Esta solución va tan en contra de nuestras expectativas que algunas personas se cuestionan si es correcta. Coge algunas cartas y pruébalo tú mismo.

En vez de llegar a la conclusión de que los que no han acertado la respuesta sencillamente no son inteligentes, la teoría de Wason fue que en la vida aprendemos a buscar atajos en nuestra lógica para que nos ayude a resolver rápidamente los problemas. Aunque la mayoría de las veces funciona de maravilla, no sirve de mucho cuando nos enfrentamos a algo que no encaja en el patrón.

*ROMPER LAS REGLAS*

**Tiempo:** 2 minutos

Curiosamente, muchas personas creen que el tipo de problema abstracto planteado por la baraja de cuatro cartas de Wason es difícil de resolver; sin embargo, el test les resulta mucho más fácil si el problema se plantea en una situación familiar.

- **Imagina que eres policía y que estás comprobando si hay algún menor que esté consumiendo alcohol en un bar. La regla es que se ha de tener 18 años para beber cerveza.**
- **Cuando llegas al bar, ves a cuatro personas: una tiene 16 años, otra 20, otra bebe cerveza y la otra Coca Cola. ¿A qué bebedores has de revisar para comprobar si hay algún menor bebiendo alcohol?**

## La solución

Esta vez la respuesta es sencilla: revisas al menor de 16 años para ver qué está bebiendo, y al bebedor de cerveza para saber qué edad tiene. Es exactamente el mismo problema que el de las cartas; sin embargo, ahora la respuesta es fácil de entender.

Esta es la razón por la que puede ser útil plantear un problema en un contexto más familiar si te cuesta encontrar la solución. Otra forma es preguntarte qué haría otra persona, por ejemplo un constructor, un escritor o un genio como Leonardo da Vinci en esta situación. Abandonar tus casillas con frecuencia ayuda a dar con la respuesta.

*¿UN TESTIGO DE CONFIANZA?*

**Tiempo:** 3 minutos

Ahora prueba este test para comprobar si se ve afectada tu capacidad de raciocinio cuando crees que estás siendo totalmente lógico. La tarea consiste en averiguar cuánto puedes confiar en el testigo.

1. **Los hechos: el 80 por ciento de los autobuses de la ciudad son rojos y el 20 por ciento son verdes.**
2. **El testigo: aunque Stan Wright vio que el atracador del banco se subió a un autobús verde, era tan oscuro que no podía estar totalmente seguro.**
3. **Cuando se hicieron comprobaciones, el 75 por ciento de las personas podían identificar correctamente los autobuses verdes y rojos en la oscuridad.**
4. **¿Qué probabilidad hay de que el atracador subiera a un autobús verde?**

## La solución

La mayoría de las personas llegan rápidamente a la conclusión de que la respuesta depende de la fiabilidad del testigo y deciden que hay un 75 por ciento de posibilidades de que el autobús del atracador fuera verde. Sin embargo, es incorrecto. De hecho, sólo un 20 por ciento de los autobuses es verde, lo que significa que es muy probable que el testigo se equivocara.

Lo que realmente importa es que cuatro de cada cinco autobuses son rojos, y que tres de cada cuatro testigos son de confianza. Piensa un poco en esto. El testigo tiene un 75 por ciento de probabilidades de identificar correctamente un autobús verde, así que la probabilidad de que el testigo estuviera en lo cierto es de 7,5 × 2, concretamente 15 por ciento. No obstante, hay un 25 por ciento de probabilidades de que el testigo estuviera equivocado y de que el autobús fuera rojo (80 por ciento de probabilidades). Esto nos da una probabilidad ligeramente más alta un 2,5 × 8 o lo que es lo mismo, un 20 por ciento de probabilidades de que el autobús fuera rojo.

## PENSAMIENTO CRÍTICO

Últimamente, algunas universidades británicas han estado promoviendo la idea de hacer una "Evaluación de las Habilidades de Pensamiento" para probar y seleccionar a los candidatos aparentemente similares. La idea básica de estas pruebas fue desarrollada en el Centro de Investigación sobre el Pensamiento Crítico de la Universidad de East Anglia. Cambridge y otras universidades están utilizando actualmente estas pruebas de Habilidades de Pensamiento para seleccionar a los estudiantes verdaderamente inteligentes.

La meta de las Habilidades de Pensamiento no es que los estudiantes aprendan más cosas, sino que sepan pensar con claridad, con lógica y con discernimiento, que puedan valorar la verdad que encierran las frases e identificar los fallos de los argumentos. Aprender estas habilidades puede ser una forma extraordinaria de desarrollar un tipo de razonamiento superior y de habilidad para pensar que normalmente se consigue con la edad y la experiencia. Aquí tienes un par de ejemplos de preguntas extraídas de las pruebas de Pensamiento Crítico de la Universidad de Cambridge.

## *EL DILEMA DEL COCHE*

**Tiempo:** 3 minutos

El coche, que en un principio concedió tanta libertad en los desplazamientos privados, se ha convertido en un monstruo que está perjudicando a nuestras ciudades. Tiempo atrás los coches sólo los podían comprar los ricos, ahora hay 21 millones de coches en este país, y la cifra va en aumento de forma espectacular. El gran número de coches en los centros de las ciudades ha producido una congestión y contaminación intolerables. Hemos llegado a un punto en que deberá restringirse el uso de coches privados, de lo contrario habrá un empeoramiento de la situación actual, donde ya empieza a ser más rápido caminar por la ciudad en hora punta que ir en coche por ella.

¿Cuál de las siguientes afirmaciones expresa mejor la principal conclusión del argumento expuesto?

A. El coche ya no nos concede libertad para desplazarnos.

B. Aumentar el transporte público en el centro de las ciudades resolvería los problemas de tráfico.

C. Es necesario restringir el uso de los vehículos privados.

D. La contaminación y la congestión están perjudicando a nuestras ciudades.

E. El número de personas que pueden permitirse comprar un vehículo ha aumentado y sigue aumentando.

## ¿EXISTE EL PLANETA X?

**Tiempo:** 3 minutos

Desde que se descubrió Urano en 1781, los astrónomos han pensado que puede que haya más planetas por descubrir en el sistema solar. Debido a las pequeñas desviaciones en las órbitas de Urano y Neptuno —desviaciones que se producirían si existiera otro planeta—, algunos astrónomos piensan que debe existir otro planeta: el planeta X. La búsqueda del planeta X es inútil, porque las desviaciones también se producirían si hubiera habido algún error en la predicción de las órbitas. Puesto que Urano y Neptuno tardan varios decenios en dar la vuelta al Sol [84 y 164 años respectivamente], los astrónomos han de confiar en datos antiguos para calcular sus órbitas. Si éstos son incorrectos, las órbitas calculadas serían incorrectas. Si son incorrectas, Urano y Neptuno se desviarían de ellas aunque no existiera el planeta X.

¿Cuál de las siguientes afirmaciones resume mejor el fallo del anterior argumento?

A. Del hecho de que los antiguos datos puedan ser inexactos, no se puede inferir que las órbitas calculadas sean incorrectas.

B. Del hecho de que los datos sobre las órbitas sean antiguos no se puede inferir que sean inexactos.

C. Del hecho de que haya desviaciones, que las habría si existiera otro planeta, no se puede inferir que exista el planeta X.

D. Del hecho de que las órbitas calculadas sean incorrectas, no se puede inferir que Urano y Neptuno se desvíen de las mismas.

E. Del hecho de que el planeta X todavía no se haya descubierto, no se puede inferir que su búsqueda sea inútil.

Puedes descargarte muchos más problemas como éstos en el sitio de Internet de la University of Cambridge's Local Examination Syndicate: http://tsa.ucles.org.uk/downloads.html.

## REFRESCA TU MEMORIA EPISÓDICA

**Tiempo:** 15 minutos

Durante las dos últimas semanas has dedicado un tiempo a recordar escenas de tu pasado. Esta semana intenta recordar todos los detalles que envuelven a cada una de las preguntas que vienen a continuación.

Busca un lugar tranquilo donde puedas cerrar los ojos y retroceder tranquilamente en el tiempo. Intenta recordar cada escena con todos los detalles posibles, utilizando todos tus sentidos. Puede que te ayude dibujar un Mapa Mental mientras vas explorando cada escena con todo detalle. No te preocupes si tu mente divaga: seguro que si la dejas, te lleva por todo tipo de senderos interesantes. Si te despistas demasiado, haz que vuelva lentamente a la pregunta e intenta explorar otra vía. Dedica 5 minutos a cada pregunta.

1. ¿Cuál fue tu mayor hazaña de pequeño/a?
2. ¿Cuándo te sentiste más orgulloso/a?
3. ¿Por dónde pasabas para ir a la escuela?

## PENSAMIENTO ESPACIAL

**Tiempo:** 15 minutos

Tus habilidades espaciales son esenciales para tener seguridad en la navegación por el mundo que te rodea. Los siguientes ejercicios están diseñados para ayudarte a afinar las tuyas.

### ¿DÓNDE ESTÁ?

- **Cierra los ojos e imagina distintos objetos de la habitación en que te encuentras. Con los ojos cerrados, señala los distintos objetos con toda la exactitud que puedas. ¡Sé implacable al juzgar si te has equivocado!**
- **Practica esto hasta que estés seguro de que señalas bien todos los objetos. Sigue hasta que puedas señalar al menos 20 objetos en la habitación.**

Si te parece que este ejercicio es engañoso, repítelo a la inversa.

- **Ten los ojos bien abiertos, elige un objeto y señálalo. Ahora, todavía señalándolo con el dedo, cierra los ojos. Intenta imaginártelo con todas tus fuerzas justamente donde señala tu dedo.**
- **Abre los ojos y revisa si lo has hecho bien. Si es así, ciérralos de nuevo señalando todavía con el dedo en la dirección correcta. Ahora bájalo momentáneamente, luego vuelve a señalar en la misma dirección.**
- **Abre los ojos y revisa si lo has hecho bien.**

Repite esta técnica una y otra vez, en tu casa, en tu dormitorio y fuera en el mundo, ¡en cualquier lugar donde puedas señalar sin que nadie llame a la policía!

## MUÉVETE

**Tiempo:** 60 minutos

Esta parte ya debería resultarnos familiar. Dedica los próximos 60 minutos a hacer el ejercicio que prefieras. Si es posible, prueba uno diferente esta semana. Cada ejercicio trabaja un aspecto distinto de la puesta a punto. Por ejemplo, si durante las últimas semanas has seguido un DVD de puesta a punto, ¿podrías ir hoy en bicicleta durante 1 hora?

## COJÍN MENTAL: RELAJACIÓN

**Tiempo:** 30 minutos

Esta semana vas a probar un ejercicio de relajación diferente. Busca un lugar cómodo donde nadie te moleste y sigue las instrucciones para el ejercicio de meditación de la página 191 del capítulo 7.

### TAREA DE LA SEMANA

**Tiempo:** 5 minutos cada día

Tu tarea esta semana es seguir afinando tus habilidades espaciales con este sencillo ejercicio.

1. Trabaja sólo con tu imaginación Ve al baño y cepíllate los dientes con todo detalle. Imagínate dónde irás exactamente, dónde están todas las cosas, como el grifo y la pasta de dientes. Ahora cerrar los ojos te ayudará.
2. Cuando tengas la imagen completa en el ojo de tu mente, intenta actuar desde donde estás. Pruébalo de nuevo y recuérdalo con los máximos detalles.
3. Ahora, con esa imagen en tu cabeza, ve al cuarto de baño, cierra los ojos e intenta repetir la escena. Toca los objetos cuando lo consideres oportuno, para comprobar la exactitud de tu imagen.
4. Haz alguna adaptación si has recordado algo que estuviera fuera de lugar.

Cuando le hayas cogido el tranquillo a este ejercicio, pruébalo con otra tarea cotidiana como vestirte o poner la mesa.

# MANTÉN TU MENTE EN FORMA
## Semana 7
**Tiempo:** 3 horas y 40 minutos aproximadamente

Enhorabuena, ¡ya has llegado a la séptima y última semana de tu plan de 7 semanas para mantener tu mente en forma! Esta semana termina el programa afinando todavía más tu poder de creatividad, principalmente usando los Mapas Mentales. Afinar tus habilidades creativas es una parte esencial para poner a prueba tu cerebro, pues fomenta mayor elasticidad mental. Sigue trabajando tu agilidad mental, y mantendrás tu mente joven y activa.

Curiosamente, puesto que los sistemas educativos tienden a favorecer las habilidades relacionadas con el pensamiento del hemisferio izquierdo, muchas personas no son tan creativas como podrían serlo. Demasiadas veces nos quedamos estancados en una forma de pensamiento porque nuestro sentido común o lógica nos dice que allí es donde se encuentra la solución. La clave para tener ideas sorprendentes es utilizar también el hemisferio del cerebro que usas cuando sueñas despierto. De ese modo implicas a tu imaginación, que como ahora ya deberías saber, hace que conseguir las cosas sea mucho más fácil. Utiliza ambos hemisferios y conseguirás muchas más ideas, y más brillantes. Pero, ¿qué queremos decir con los hemisferios izquierdo y derecho del cerebro?

## UN MATRIMONIO DE DOS MENTES

Tu cerebro es un matrimonio de dos mentes. Cada hemisferio es un perfecto espejo del otro, pero cada uno actúa de formas sutilmente diferentes. Como pareja, cada uno tiene su propio comportamiento, pero están unidos por un haz de fibras que permiten el intercambio constante de pensamientos.

En las décadas de 1950 y 1960, Roger Sperry y su equipo, junto con Robert Ornstein, realizaron una serie de reveladores experimentos con los dos hemisferios cerebrales. Cuando a los estudiantes les pidieron que realizaran una serie de tareas mentales, como escribir, dibujar, escuchar música, cálculo, etcétera, los experimentos demostraron que cada hemisferio cerebral tiene sus tareas preferidas. Las tareas del hemisferio derecho incluyen habilidades espaciales, el color, el pensamiento holístico, soñar despierto. El hemisferio izquierdo se centra en las palabras, la lógica, los números, las listas, etcétera.

**Características del hemisferio izquierdo**
Detalle
Lógica
Lenguaje
Análisis
Cálculo
Hechos
Optimismo

**Características del hemisferio derecho**
Conexiones
Perspectiva general
Soñar despierto
Color
Ritmo
Espacio y relaciones
Pesimismo
Cambios de humor

## MAPAS MENTALES Y CREATIVIDAD

**Tiempo:** 15 minutos

Un Mapa Mental (véase la pág. 62) es una herramienta realmente eficaz porque saca el máximo partido del funcionamiento sinérgico del cerebro: dibujar uno implica a los dos hemisferios. Si haces Mapas Mentales regularmente, ayudarás a tu cerebro a desarrollar su sinergia y podrás utilizarlo de manera más eficiente.

Ahora ya deberías sentirte muy cómodo con los Mapas Mentales y haber visto cómo pueden ayudarte a generar ideas. En la primera parte de este programa se te pidió que hicieras Mapas Mentales para los diferentes usos de varios objetos, como una navaja. Empecemos esta semana con un ejercicio similar. Como de costumbre, necesitarás papel y varios lápices de colores.

A continuación hay una lista de palabras elegidas al azar. Tu tarea consiste en pensar los máximos usos posibles para una regla de plástico asociada con cada palabra en cuestión. Dibuja rápidamente un Mapa Mental para ayudarte a ser tan atrevido y descabellado como gustes. Los usos no tienen por qué ser prácticos, y cuanto más ridículos mejor; la risa es un gran estímulo para la creatividad.

1. Roca
2. Sistema solar
3. Plano de un arquitecto
4. Plátano
5. Sal
6. Pelota de golf
7. Bandera
8. Huevo
9. Montaña
10. Servilleta
11. Conferencia
12. Autobús
13. Revista
14. Monedas
15. Conejo
16. Pelo

17. Malabarismo
18. Cadera
19. Elefante
20. Ensalada
21. Radio

22. Músculo
23. Pez
24. Francia
25. Bordillo

## Sugerencias

Aquí tienes algunas ideas que se me han ocurrido con unos minutos de dejar volar mi imaginación. Si puedes conseguir más y mejores ideas, ¡fantástico, vas por buen camino!

1. Roca: una regla de plástico se podría usar para rascar los minerales y probar su dureza. Si tuvieras una regla muy pero que muy grande, podrías usarla para lanzar misiles de piedras a las murallas de un castillo.
2. Sistema solar: una regla de plástico se podría usar para medir el ángulo de los objetos en el cielo nocturno e identificarlos. Se podría usar para colgar un modelo a escala del sistema solar.
3. Plano de un arquitecto: una regla de plástico se podría usar para medir los dibujos del plano y para asegurarse de que las líneas estuvieran rectas. También la podrías usar para dar golpecitos sobre la mesa para captar la atención de la audiencia cuando presentaras tu proyecto.
4. Plátano: ¡la regla se podría usar para saber si el plátano está lo bastante recto según las ordenanzas estatales! También se podría usar para cortar el plátano y hacer un bocadillo.
5. Sal: la regla se podría usar para limpiar la sal de la mesa, o como pala para echar sal en un lago y convertirlo en un lago de agua salada.

6. Pelota de golf: una regla de plástico se podría usar para alinear la bola para meterla en el *green*. Si empalmaras un montón de reglas con cinta adhesiva, podrías crear un recorrido de golf loco en el *green*.

7. Bandera: unir varias reglas podría servir para hacer un mástil donde ondear la bandera. También podrías pegar reglas alrededor de los bordes de la bandera para que se mantuviera tiesa cuando no soplara el viento.

8. Huevo: la regla se podría usar para cortar la parte superior de un huevo pasado por agua y cortar tu tostada en tiras para untar.

9. Montaña: la regla se podría usar para averiguar su altura mediante triangulación. También podrías usarla como palo para la tienda de cámping.

10. Servilleta: podrías usar la regla para doblar la servilleta y marcar los pliegues. También podrías hacer una cometa con reglas, adjuntar la servilleta y hacerla volar por una colina.

11. Conferencia: podrías usar la regla como puntero para señalar los puntos que has escrito en la pizarra. Si pegas unas cuantas, puedes hacer un megáfono provisional para hablar a través de él.

12. Autobús: se podrían pintar reglas de plástico de color neón brillante y pegarlas en los laterales del autobús como si fueran las bandas de un coche de carreras.

13. Revista: si no puedes encontrar un pie de telescopio, dos revistas enrolladas montadas sobre un marco de reglas de plástico podrían servir.

14. Monedas: la regla de plástico podría servir para lanzar las monedas en el juego del tejo de mesa.

15. Conejo: la regla se podría usar como bastón de entrenamiento para que los conejos hicieran sus ejercicios.

16. Pelo: la regla de plástico se podría usar para rizar el pelo con electricidad estática.

17. Puedes hacer malabarismos con reglas de plástico en lugar de hacerlo con bolas.

18. Cadera: podrías usar una regla de plástico para tonificarte suavemente las caderas dándote golpecitos, ¡o para hacerte un bastidor de protección si te das demasiado fuerte!

19. Elefante: una regla de plástico podría servir para hacerle cosquillas en las orejas, o sacarle el barro cuando se ensucie.

20. Ensalada: la regla de plástico se podría usar para remover la ensalada y cortar el pepino a rodajas.

21. Radio: la regla de plástico se podría usar como soporte de una radio de bolsillo.

22. Músculo: podrías engarzar dos trozos de hierro en reglas de plástico reforzadas para hacer una mancuerna improvisada, luego usar otra para revisar qué músculos están aumentando de tamaño.

23. Pez: se podrían unir varias reglas para hacer una caña de pescar, luego usarla para medir el tamaño de los peces.

24. Francia: la regla de plástico se podría usar como punto de partida para un debate sobre las causas de la Revolución Francesa y los orígenes del metro.

25. Bordillo: la regla de plástico se podría usar para reconstruir bordillos rotos o inexistentes.

Aunque sólo sea un juego, el ejercicio de la regla de plástico es un juego con un valor real, trabaja tu imaginación. Esta clase de juegos te ayudan a estimular el tipo de conexiones que abren el potencial creativo de tu cerebro. Los Mapas Mentales aumentan tu capacidad para hacer asociaciones y crear imágenes.

## ¿DÓNDE SERÍAN LAS VACACIONES DE TUS SUEÑOS?

**Tiempo:** 20 minutos

Esta vez, dibuja un Mapa Mental de lo que serían para ti las vacaciones de tu vida.

Empieza con una imagen en el centro que represente lo más destacado de ella: el lugar, tú y la persona con la que quieres ir, una maleta. Cualquier cosa que te parezca apropiada. Luego añade ramas principales y secundarias con ideas sobre lo que implicarían esas vacaciones. Sigue planteándote preguntas: ¿adónde te gustaría ir? ¿Cómo irías? ¿Qué te gustaría hacer? ¿Cómo crees que te sentirías? ¿Durante cuánto tiempo quieres ir? ¿Cuándo tienes pensado salir? ¿Por qué quieres ir? Si todavía sigues con un montón de ideas cuando hayan transcurrido los 20 minutos, sigue hasta que te canses.

## PRIMERA Y ÚLTIMA

**Tiempo:** 4 minutos

En el plan de 7 días para poner a punto tu mente te di la primera y la última línea de una historia y te pedí que la completaras. Tal como hiciste antes, entra de lleno en el ejercicio y dale rienda suelta a tu imaginación. No tardes más de 2 minutos.

Érase una vez un tejón que nació con plumas en las patas...
... Y juró cambiar la junta inmediatamente si el grifo volvía a gotear.

Ahora crea una historia basándote en estas líneas; de nuevo, tienes 2 minutos para completar la historia.

Toby siempre había sabido que las cintas (plantas) de su abuela eran malas...
... El melocotón era suave y el helado se deshizo con el fuego del dragón.

## ACOLCHAMIENTO MENTAL

Muchas veces el mayor obstáculo para la creatividad es la censura de la parte lógica que el hemisferio izquierdo impone sobre el derecho. Siempre que el hemisferio derecho tiene una idea, el izquierdo lo interrumpe diciendo: «Eso no va a funcionar», «¡Venga, estás de broma!», «Esto es horrible», «Nadie dejará que te salgas con la tuya», etcétera.

Tu hemisferio izquierdo es ideal para convertir las ideas vagas en realidad. Para hacer que tu creatividad siga funcionando, necesitas que ambos hemisferios trabajen juntos. Probablemente, la mayoría necesitamos ayuda para fomentar la libertad del hemisferio derecho.

Recuerda estos consejos para mantener tu creatividad. Mejor aún, resúmelos en un Mapa Mental para recordarlos y cuélgalo en la puerta de la nevera durante unos días.

1. **Exagera.**
2. **Ten sentido del humor.**
3. **Utiliza tus sentidos para estimular ideas.**
4. **Utiliza el color.**
5. **Utiliza el ritmo y la música.**
6. **Utiliza las imágenes.**
7. **Muévete deprisa.**

8. Permítete entusiasmarte.
9. Piensa positivamente.
10. Haz pausas regularmente.
11. Utiliza Mapas Mentales.

---

## REFRESCA TU MEMORIA EPISÓDICA

**Tiempo:** 15 minutos

En las últimas semanas has estado recordando escenas de tu pasado. Esta última semana intenta recordar todos los detalles que envuelven cada una de las preguntas que vienen a continuación.

Igual que has hecho antes, busca un lugar tranquilo donde puedas cerrar los ojos y retroceder en el tiempo. Intenta recordar cada escena con todo detalle, implicando todos tus sentidos. Te ayudará dibujar un Mapa Mental a medida que vas explorando cada escena con todos los detalles posibles. No te preocupes si tu mente divaga: seguro que si la dejas, te lleva por todo tipo de senderos interesantes. Si te despistas demasiado, haz que vuelva lentamente a la pregunta e intenta explorar otra vía. Dedica 5 minutos a cada pregunta.

1. ¿Cuál fue la primera película u obra de teatro que fuiste a ver?
2. ¿Cuál fue el día más excitante de tu infancia?
3. ¿A qué olía la cocina de tu madre por la mañana antes de que te marcharas al colegio?

## PRACTICA TU HABILIDAD

**Tiempo:** 30 minutos

En el plan de 7 días para poner a punto tu mente tenías que practicar una habilidad durante 15 minutos. Vuelve ahora a ella y dedícale 30 minutos.

## COMPLETA EL POEMA

**Tiempo:** 25 minutos

Escribir prosa o poesía es fantástico para exprimir la mente, especialmente si introduces el humor.

Hoy vas a componer *limericks* [quintillas humorísticas], una forma tradicional de poesía cómica. En primer lugar, lee dos poemas típicos para recordar cómo va la rima:

Había un anciano de gran nariz
que decía: «Toman mis palabras este cariz,
no es tan larga como dice su boca,
en eso, caballero, usted se equivoca».
Pues era feliz ese hombre con su gran nariz.

EDWARD LEAR


Había una joven con un sombrero
en el cual se posaban los pájaros al vuelo;
pero ella decía: ¿Cómo puedo cuidarlos
si el cielo está lleno de pájaros?
¡Sed bienvenidos a mi sombrero!

EDWARD LEAR

Como podrás observar, el *limerick* sólo tiene cinco líneas. La 1, 2 y 5 tienen entre siete y diez sílabas y riman entre ellas; las líneas 3 y 4 entre cinco y siete sílabas y también riman entre ellas.

Ahora completa los siguientes *limericks*; no dediques más de 5 minutos a cada uno. Diviértete todo lo que puedas y sé tan absurdo o bestia como te apetezca.

1. Había un gato que se llamaba *Nerón*...
2. Un viejo gruñón con una espada...
3. Un panadero regordete que se llamaba Ramón...
4. Había un hombre muy rico...
5. Había una jovencita de Gijón...

## REIVINDICA AL ARTISTA QUE LLEVAS DENTRO

**Tiempo:** 20 minutos

Muchas personas dejan de dibujar poco después de terminar los estudios primarios, puesto que no tienen ni confianza ni el tiempo suficiente para desarrollar actividades artísticas. No importa lo bueno —o malo— que creas que eres, tu cerebro siempre se beneficiará de cualquier cosa que intentes dibujar, ya sea un sencillo garabato como todo un cuadro.

Quizá sin que te hayas dado cuenta has estado ejercitando el talento artístico a lo largo de todo el programa, puesto que cada vez que dibujas un Mapa Mental, en realidad estás dibujando palabras, imagen y color.

Otra forma de ejercitar tu talento artístico es hacer garabatos con la mano con la que no sueles escribir. Aunque los resultados no sean precisamente un Monet, el ejercicio que esto supone para tu cerebro compensará con creces los resultados.

Dedica 10 minutos a garabatear con la mano con la que no sueles escribir. Dibuja cualquier cosa: líneas, espirales, formas, gente, cartas, lo que quieras, lo que te guste. Simplemente deja vagar tu mente con tu lápiz o bolígrafo y a ver qué sucede.

La siguiente parte del ejercicio es encontrar un objeto que te guste e intentar copiarlo, esta vez con la mano que usas para escribir. Utiliza el lápiz, bolígrafos o pinturas que prefieras. No te juzgues ni escuches tu monólogo interior sobre su calidad, simplemente concéntrate en la tarea que tienes entre manos y disfruta de la liberación de estar absorto.

Si realmente te lo pasas bien y quieres seguir 10 minutos más, hazlo. También puedes considerar desarrollar tus habilidades artísticas practicando regularmente o asistiendo a clases de arte.

Aunque no te guste dibujar, intenta adoptar la costumbre de garabatear. Así permites que tu cerebro sueñe despierto, y cuando lo consigues das con algunas soluciones verdaderamente sorprendentes.


## MUÉVETE

**Tiempo:** 60 minutos

El hecho de que ésta pueda ser la última semana de tus sesiones de 60 minutos de ejercicio no significa que sea el final de tu dinámica de mover el cuerpo. Hoy, al hacer ejercicio, observa cuánto has progresado desde que empezaste el plan de 7 semanas para mantener tu mente en forma. ¿Te resulta más fácil completar la rutina? ¿Puedes conseguir más? ¿Estás más fuerte y en forma?

Utiliza tus observaciones positivas para motivarte a hacer ejercicio con regularidad.

## COJÍN MENTAL: RELAJACIÓN

**Tiempo:** 30 minutos

La semana pasada practicaste una técnica de meditación al final de la sesión. Dedícale hoy otros 30 minutos (ve a la pág. 191 para las instrucciones).

## LA TAREA DE LA SEMANA

**Tiempo:** 10 y 30 minutos al día respectivamente
Esta semana tienes dos últimas tareas, la primera es hacer un Mapa Mental y la segunda es garabatear.

1. Dedica 10 minutos cada día a garabatear en un bloc de papel; hazlo 5 minutos con la mano con la que no sueles escribir, y otros 5 minutos con la que escribes normalmente.
2. Dibuja dos Mapas Mentales, el primero para identificar algún problema en tu vida, y el segundo para ver cómo lo resuelves. Dedica 10 minutos al primer Mapa y 20 minutos al segundo.

**Consejos:** relájate y procura ser descabellado, sigue las asociaciones e implicaciones de cada problema o solución con tanta libertad y facilidad como puedas. Cuanto más extremas sean tus ideas, mejor. Nunca dejes que tu mente censure ideas diciéndote que no funcionarán, que son descabelladas o absurdas.

# Conclusión

# Ahora que lo has conseguido, consérvalo

¡Enhorabuena! Ahora que has llegado al final del plan de 7 semanas para mantener tu mente en forma, deberías estar tan en forma mentalmente como hace 10 años, ¡o mucho más! A fin de mantener y forjar tu nueva agilidad mental, has de seguir retando y estimulando tu sorprendente cerebro. Antes de ver cómo puedes hacerlo, volvamos a los cuestionarios de autoevaluación para comprobar tus progresos.

## ¿Cuánto has progresado?

### PARTE UNO - ¿CUÁNTO HA MEJORADO TU MENTE?

Vuelve a puntuarte en una escala del 1 (fácil) al 5 (tienes un problema real) en cuanto a la facilidad con la que recuerdas las cosas.

### Recordar nombres

- [ ] De alguien que acabas de conocer
- [ ] Amigos
- [ ] Familiares
- [ ] Lugares donde has estado, como restaurantes
- [ ] Títulos de libros y películas que hayas leído/visto

### Recordar números

- [ ] Tu número del DNI
- [ ] El número de tu cuenta bancaria
- [ ] Números de teléfono de familiares
- [ ] Números de teléfono nuevos
- [ ] Hacer sumas sencillas

### Recordar fechas

- [ ] Cumpleaños y aniversarios
- [ ] Citas
- [ ] Tareas domésticas

### Recordar

- [ ] Dónde has puesto las cosas (llaves, mandos a distancia, etc.)
- [ ] Dónde has aparcado el coche
- [ ] Instrucciones

### Recordar historias

- [ ] Lo que viste anoche en la televisión, leíste en el periódico, etc.
- [ ] Lo que acabas de decir
- [ ] Lo que acaba de decir la otra persona
- [ ] La palabra apropiada para algo

*Suma tus resultados y a ver cómo lo has hecho:*

**20-30** ¡Enhorabuena! No tienes problemas de memoria de ningún tipo y has progresado mucho. Sigue el plan de mantenimiento que te ofrece este libro para mantener tu cerebro en óptimas condiciones.

**31-40** ¡Lo estás haciendo muy bien y vas a pasos agigantados! Sigue buscando nuevas formas de desafiar tu cerebro, y asegúrate de que te ciñes al plan de mantenimiento para erradicar hasta el más ínfimo problema de memoria.

**41-60** ¡Bastante bien! Todavía tienes algunos problemas de memoria y deberías regresar a las técnicas rápidas del capítulo 3 para asegurarte de que le estás dando a tu cerebro todas las oportunidades para que rinda. No dejes el plan de mantenimiento.

**61-80** Estás progresando, pero has de perseverar con el programa puesto que todavía tienes cierta dificultad para recordar cosas. Estudia las técnicas rápidas del capítulo 3 para cerciorarte de que has comprendido todas las formas en que éstas pueden ayudarte. Por ejemplo, si todavía te cuesta recordar los nombres de las personas que acabas de conocer, revisa las técnicas de la página 76 para vincular su nombre con su cara. También puedes volver a los cuestionarios detallados de las páginas 202-210 del capítulo 8 para identificar cualquier influencia en tu estilo de vida que pueda estar obstaculizando tu progreso. Repite el plan de 7 días para poner a punto tu mente y vuelve a hacer este test. Si tienes 60 puntos o menos, repite el plan de 7 semanas para mantener tu mente en forma, y regresa a este cuestionario para evaluar tu progreso.

**81-100**    Todavía te estás esforzando por mejorar tu rendimiento y tienes problemas graves de memoria. Revisa los cuestionarios de las páginas 202-210 del capítulo 8 para identificar cualquier influencia en tu estilo de vida que pueda estar obstaculizando tu progreso. También deberías plantearte ir al médico, puesto que puede existir algún problema social o de salud que esté interfiriendo en tu rendimiento. Vuelve a las técnicas rápidas del capítulo 3 y cerciórate de que entiendes bien las formas en que pueden ayudarte. Por ejemplo, si todavía te cuesta recordar el número de tu DNI o de la contraseña de tu tarjeta de crédito, utiliza los sistemas de trucos numéricos para recordarlos. Vuelve a hacer todo el programa. Sigue insistiendo, y empezarás a observar una notable mejoría en tu rendimiento mental.

## PARTE DOS — EL REGENERADOR MENTAL DE 7 MINUTOS

Al igual que en la Introducción, esta parte de tu evaluación personal está diseñada para poner a prueba tu rendimiento mental en seis áreas distintas.

| | |
|---|---|
| Memoria a corto plazo | Lógica |
| Memoria a largo plazo | Análisis |
| Lenguaje | Creatividad |

Sólo necesitas 7 minutos, papel, un lápiz o un bolígrafo y algo para medir el tiempo con exactitud (la mayor parte de los teléfonos móviles tienen cronómetro). Sigue cuidadosamente las instrucciones —asegúrate de que sólo utilizas el tiempo especificado para cada pregunta—; luego revisa las respuestas en la parte posterior del libro para ver cómo lo has hecho.

## TÓNICO DE LA MEMORIA

**Tiempo:** 60 segundos
**Objetivo:** memoria a corto plazo

*SERIES NUMÉRICAS*
A continuación hay una serie de números. El reto es recordar todos los que puedas en 60 segundos.

Tápalos, dejando a la vista sólo el primer número de la columna izquierda. Memorízalo, tápalo y escríbelo. (Utiliza la mano con la que escribes para evitar la tentación de escribir lo que ves.) Ahora destapa el segundo número. Recuérdalo, cúbrelo y escríbelo. Desplázate por la lista durante 60 segundos y llega hasta donde puedas.

Cuando haya concluido tu tiempo, revisa las respuestas. ¿Hasta dónde has llegado? Márcate un punto por cada grupo de números que hayas recordado correctamente.

| | |
|---|---|
| 2345 | 346789259 |
| 7734 | 946358905 |
| 32567 | 7468317945 |
| 680246 | 3410667326 |
| 326798 | 88763289539 |
| 2547881 | 45722689438 |
| 7802654 | 993479098685 |
| 10191485 | 591742007360 |
| 54714853 | 198567457326 |

**Puntuación:** /18

## CONSTRUYE TU MEMORIA

**Tiempo:** 60 segundos
**Objetivo:** memoria a largo plazo

*BANCO DE HECHOS*
A continuación tienes una lista de siete nombres propios. Tienes 20 segundos para recordarlos. Tapa la página y escribe los que puedas recordar. Apúntate 1 punto por cada respuesta correcta, y 1 extra si los recuerdas todos.

Jorge

Jonás

Celia

Sara

Boris

Miguel

Carolina                              **puntuación: /8**

Ahora se trata de una lista de ingredientes para hacer una receta. Tienes 40 segundos para recordarlos, tapa la página y escríbelos en el orden correcto. Apúntate medio punto por cada ingrediente, y medio más por cada cantidad que recuerdes correctamente. Si lo recuerdas todo en el orden correcto, apúntate 1 punto extra.

75 g de azúcar de Muscovado

40 g de mantequilla sin sal

1 huevo

2 plátanos medianos maduros

½ manzana

125 g de harina de repostería con levadura incluida
½ cucharadita de nuez moscada
½ cucharadita de canela
Una pizca de sal                    **Puntuación: /10**

## EL PODER DE LAS PALABRAS

**Tiempo:** 60 segundos
**Objetivo:** lenguaje

*ANAGRAMA*
Con los anagramas, cambias el orden de las letras de una palabra para formar otra. Las primeras letras de cada palabra deben formar el nombre de algo que todas tienen en común. Apúntate 2 puntos por cada anagrama que resuelvas, y 2 puntos extra por el nombre del elemento en común.

LIPANTU
OLAPAMA
RILIO
ULERAL
OGERAON                    **Puntuación: /10**

## POTENCIADOR DE LA LÓGICA

**Tiempo:** 60 segundos
**Objetivo:** lógica

*LÓGICA DE ESTATURAS*
Sam mide 35 cm más que Mary. La diferencia entre Sam y Richard es de 5 cm menos que entre Richard y Mary. Sam, que es el más alto, mide 2,01 m. ¿Cuánto miden Richard y Mary? Apúntate 4 puntos por cada estatura que respondas correctamente.

**Puntuación: /8**


## PODER ANALÍTICO

**Tiempo:** 60 segundos
**Objetivo:** lógica

*DESCIFRAR*
¿Puedes ver el mensaje oculto en este texto aparentemente comercial, de una secretaria a su amante? Anótate 6 puntos si consigues descifrarlo correctamente.

> Reunión urgente a preparar. Traer las carpetas, son 7 en total. En mi agenda mi información en casa.

**Puntuación: /6**

## PENSAMIENTO CREATIVO

**Tiempo:** 120 segundos
**Objetivo:** lógica

*HACER ASOCIACIONES*
Tienes 120 segundos para pensar en los distintos usos que le puedes dar a un calcetín según la siguiente lista de palabras. ¡Sé todo lo imaginativo y ridículo que quieras!

| | |
|---|---|
| Teléfono | Pegamento |
| Árbol de Navidad | Anchoas |
| Desayuno | Crema para las manos |
| Pavo real | Calculadora |
| Manzana | Pasa |
| Júpiter | Tipex |
| Cebra | Lluvia |
| Singapur | Diccionario |
| Plátano | Chimenea |
| Lápiz | Alarma contra incendios |

Puntúate según los usos que se te hayan ocurrido:

| | |
|---|---|
| 0-10 usos | 2 puntos |
| 11-20 usos | 4 puntos |
| 21-30 usos | 6 puntos |
| 31-40 usos | 8 puntos |
| +40 usos | 10 puntos |

**Puntuación: /10**

*Suma tus puntos y a ver cómo lo has hecho:*

**60-70**   ¡Fantástico! ¡Realmente eres muy agudo! Sigue ejercitando ese fabuloso cerebro que tienes para mantenerlo en forma con el programa de mantenimiento de este capítulo. Sigue trabajando.

**45-59**   Tu cerebro está bastante bien, aunque necesitas expandirlo. Sigue el programa de mantenimiento de este capítulo para que continúe funcionando así de bien.

**30-44**   Aunque es una puntuación bastante buena, debes subir de nivel. Refuerza las técnicas rápidas del capítulo 3 que te ayudarán a potenciar tu rendimiento.

**15-29**   Todavía estás bastante desentrenado y tienes que mejorar mucho. Vuelve a las técnicas rápidas del capítulo 3 y asegúrate de que entiendes cómo pueden ayudarte y adopta la costumbre de utilizarlas. Repite el plan de 7 días para poner a punto tu mente; haz un esfuerzo consciente para utilizar el máximo de técnicas rápidas posible. Sé fiel al programa y verás cómo mejora tu estado mental.

**0-14**   Aunque es una puntuación muy baja, no te desanimes. Vuelve a las técnicas rápidas del capítulo 3 porque puede que no las hayas entendido correctamente. Dedica más tiempo a practicar estas técnicas hasta que las puedas hacer de forma automática. Repite el plan de 7 días para poner a punto tu mente, y el plan de 7 semanas para mantener la mente en forma, haz un esfuerzo consciente para utilizar todas las técnicas rápidas que puedas. Ambos planes están diseñados para potenciar tu rendimiento mental, y si eres constante, podrás ponerte en forma.

A continuación compara tus puntuaciones de las dos partes del test de autoevaluación con los resultados que obtuviste la primera vez en la Introducción. ¿Has mejorado? ¿En qué área has progresado más? ¿Hay áreas que todavía has de trabajar? Si hay alguna que todavía esté floja, procura centrarte en ella, como parte de tu plan habitual de mantenimiento.

## ¡TU CUERPO TIENE UNA EDAD MEDIA DE 15 AÑOS!

¡Sea cual sea tu edad en estos momentos, no te dejes engañar por el número! Según Jonas Frisen, un neurólogo del Karolinska Institute de Estocolmo, Suecia, la edad media del cuerpo es de unos 15 años y medio.

Durante mucho tiempo se ha creído que el cuerpo se renueva completamente cada siete años, y ahora hay pruebas que respaldan esta teoría. Frisen ha desarrollado un método para medir la magnitud del carbono 14 en el ADN de la célula, y así medir correctamente la edad del tejido corporal. Ha descubierto que la edad de diferentes partes del cuerpo varía enormemente. Por ejemplo, el intestino (excluyendo las paredes) tiene unos 15,9 años, los huesos unos 10 años, la piel unas 2 semanas, y los tejidos de la pared intestinal, 5 días. Las únicas partes del cuerpo que parecen tener la misma edad que marca tu fecha de nacimiento —al menos con las pruebas actuales— son las neuronas de la corteza cerebral del cerebro, las células musculares del corazón y las células de las lentes internas de los ojos.

Si tu cuerpo puede renovarse, ¿por qué experimenta los efectos físicos del envejecimiento? La respuesta está en el ADN mitocondrial. Es el ADN que se encuentra en la mitocondria, cuerpos celulares en miniatura que convierten las moléculas de los alimentos en energía. Este ADN es el que muta y se deteriora con mayor rapidez en el tiempo y obstaculiza la regeneración natural de las células. Ahora los científicos están desarrollando un método para proteger o reparar el ADN mitocondrial. Si tienen éxito en esta misión, las repercusiones para el envejecimiento pueden ser enormes. Nuestro cuerpo permanecería tan joven y en forma como las células renovadas. Lo único que aportaría cumplir años sería sabiduría y experiencia.

# Ahora que lo tienes, consérvalo

Todo lo que has estado haciendo durante estas 8 semanas ha sido diseñado para ejercitar tu cerebro, conseguir que haga nuevas conexiones y que trabaje mejor para ti. Te resultará mucho más fácil memorizar todo lo que quieras recordar y tendrás mucho más interés en todo lo que pase a tu alrededor. Este será el caso, especialmente si has adoptado una actitud lúdica respecto al aprendizaje y a vivir: a tu cerebro le encanta divertirse con la información y las experiencias, y rendirá mucho más si tiene libertad pare ser todo lo imaginativo que le permitas. Así es como se generan las ideas innovadoras.

También deberías notar que tienes más capacidad para prestar atención y más energía, especialmente si has podido seguir correctamente las recomendaciones de hacer ejercicio, la dieta y la relajación que doy en este libro. Para ilustrar esto piensa en un coche de carreras de Fórmula Uno que puede alcanzar velocidades increíbles. Sin una carrocería fuerte, impecable, y sin un buen combustible, ni tan siquiera se puede soñar en conseguir un nuevo récord mundial, mucho menos en ganar la carrera. Cuida tu cuerpo y dale al cerebro todas las posibilidades para ganar tus carreras.

¿Cómo puedes seguir incrementando todo el progreso que has hecho? En dos palabras, sigue poniéndole retos a tu mente y cuidando tu cuerpo con una buena dieta y ejercicio.

## Cada día

Adopta la costumbre de buscar diferentes formas de estimular tu cerebro diariamente:

1. **Juega con tu mente en tus actividades cotidianas para estimularla. Por ejemplo, cuando haces la compra de la semana, en lugar de hacer una lista normal, dibuja un Mapa Mental. Dedica 5 minutos a memorizar todo lo que quieres comprar y parte hacia tu aventura sin la lista (o dóblala y no vuelvas a mirarla hasta el final cuando quieras comprobar cómo lo has hecho).**

2. **Prueba a hacer algo diferente cada día, tanto si es abrocharte los cordones de los zapatos con la mano que no usas habitualmente como hacer una receta nueva o tomar una ruta diferente para ir a tu destino habitual. Esto reduce la tendencia del cerebro a hacer las cosas de forma automática.**

3. **Sal al aire libre cada día y dedica al menos un par de minutos a hacer respiraciones profundas para estar más relajado, concentrado y despierto.**

4. **Haz al menos una de las técnicas rápidas cada día (capítulo 3). Son tus herramientas cerebrales y ayudarán a tu mente a tener un mejor rendimiento.**

## Cada semana

1. **Una o dos veces a la semana, dedica 7 minutos a un regenerador mental de 7 minutos intensivo. Hay unos cuantos en el Apéndice para que vayas empezando. Cuando los hayas completado, tendrás que adaptarlos, crear otros nuevos, o sencillamente dedicar 7 minutos a algún ejercicio mental**

que te agrade, como un crucigrama críptico, rompecabezas o problemas de lógica (hay montones en internet o en libros de rompecabezas).

2. Comprométete a aprender algo nuevo cada semana, ya sea información de un libro, de un artículo de periódico o de un documental de televisión. Anota de qué se trata y hazte un test la semana siguiente.

3. Haz ejercicio durante 30 a 60 minutos al menos 3 veces a la semana.

4. Dedica 15 a 30 minutos a disfrutar de los ejercicios de relajación del capítulo 7.

## Una vez al año

1. Vuelve a los cuestionarios de puesta a punto cerebral para evaluar tu agilidad mental. Si tus puntuaciones son idénticas o mejores, sencillamente haz los planes diarios y semanales de mantenimiento. Si ha disminuido, vuelve al plan de 7 días para poner a punto tu mente del capítulo 8 y repítelo para mejorar tu rendimiento.

2. Busca alguna cosa que te interese o algún hobby nuevo, por ejemplo intenta aprender otro idioma o tocar un instrumento, y hazlo al menos durante tres meses.

Si te ciñes a este plan de mantenimiento, podrás desafiar a tu cerebro eternamente. Lo que es mejor, deberías gozar de tal energía y vigor para vivir, que serás la envidia de las personas de tu edad, y también de las que tengan la mitad de tus años. Con tu mente ágil, tu experiencia infinita y los 15,5 años de edad de tu cuerpo, estás y estarás formidable.

# Apéndice

## Más regeneradores mentales de 7 minutos

A continuación te propongo una estructura para trabajar y estar al día con tus regeneradores mentales de 7 minutos. Tendrás que empezar a buscar nuevas fuentes para algunas secciones cuando ya los hayas hecho.

Al igual que antes, estos ejercicios están diseñados para poner a prueba tu rendimiento mental en seis áreas distintas.

Memoria a corto plazo
Memoria a largo plazo
Lenguaje
Lógica
Análisis
Creatividad

¡Recuerda que has de resistir a la tentación de hacer trampa! No te concedas un poco más de tiempo ni rompas las reglas, ni un poquito. Sólo son ejercicios cortos y vale la pena ser disciplinado. Como he dicho antes, has de cronometrar el tiempo. También necesitarás papel, lápiz y dos dados.

## MEMORIA A CORTO PLAZO

**Tiempo:** 60 segundos

Recuerda tres números de teléfono y los nombres de tu agenda, nunca se sabe cuándo puedes perderla. Antes de empezar, refresca tu memoria de todos los números que has aprendido en días anteriores.

## MEMORIA A LARGO PLAZO

**Tiempo:** 60 segundos

Aprende los ingredientes de una de tus recetas favoritas utilizando la técnica de los trucos numéricos (páginas 61-62). Compra los ingredientes sin utilizar una lista de la compra, y utilízalos para cenar en los tres días siguientes.

## LENGUAJE

**Tiempo:** 60 segundos

Elige una palabra de la siguiente lista y utiliza sus letras para formar todas las palabras de al menos tres letras que se te ocurran:

| | |
|---|---|
| Afortunado | Atmosférico |
| Reprender | Halitosis |
| Mercancía | Estímulo |
| Lubricante | Manipular |
| Avión | Desertización |
| Mariposa | Estratosfera |
| Islandés | Respetable |
| Drogadicto | Metropolitano |
| Recinto | Tópico |

| | |
|---|---|
| Prodigioso | Enmarcado |
| Fragmentado | Suculento |
| Narciso | Rítmico |
| Carnavales | Arándano |
| Transporte | Tormenta |
| Tramposo | Desastre |

Cuando hayas utilizado todas las palabras, busca las tuyas tomando 10 letras al azar de un juego de Scrabble.

## LÓGICA

**Tiempo:** 120 segundos
Resuelve los siguientes problemas de lógica visual.

### Semana 1
Dos trenes se dirigen hacia una colisión frontal. En estos momentos se encuentran a 65 km de distancia. El tren que se dirige hacia el norte viaja a 55 km por hora, el que se dirige hacia el sur a 80 km por hora. ¿Cuál será la distancia entre los dos trenes 2 minutos antes de su colisión?

### Semana 2
Varias cajas de barritas de chocolate van a ser transportadas desde el fabricante hasta los almacenes donde se empaquetarán para vender en las tiendas. El número de barritas de chocolate de cada caja se ha de dividir en partes iguales entre 3, 4, 5 o 7 almacenes. ¿Cuál es el número mínimo de barritas que ha de contener cada caja?

## Semana 3

Los estudiantes de la Kings School, cuyo número es inferior a 30, hicieron un examen de matemáticas. Un tercio de la clase sacó notable, un cuarto notable bajo, un sexto aprobado, y un octavo suspendió. El resto de los alumnos obtuvieron sobresaliente. ¿Cuántos alumnos sacaron sobresaliente?

## Semana 4

A Mike le encantan los bollos. Se puede comer 32 en una hora. Su hermano Luke necesita 3 horas para comerse la misma cantidad. ¿Cuánto necesitarán entre los dos para comerse 32 bollos?

## ANÁLISIS

**Tiempo:** 60 segundos

Practica tu habilidad para revisar con rapidez y ver patrones abriendo una página de este libro al azar y observando cuántas veces puedes ver el par de letras «er» en dicha página y en las siguientes en el tiempo establecido.

## CREATIVIDAD

**Tiempo:** 60 segundos

Tira dos veces el dado (una después de otra) para seleccionar cuatro palabras al azar de los «objetos» de la lista y uno de la lista de «héroes». Luego teje una historia o un dibujo con las cinco palabras en 2 minutos:

## Objetos

1+1. Rotweiler

1+2. Castillo

1+3. Colina

1+4. Taza

1+5. Invisible

1+6. Pizza

2+1. Tren

2+2. Demolición

2+3. Ballena

2+4. Canal

2+5. Chica

2+6. Conejo

3+1. Joroba

3+2. Pincelada

3+3. iPod

3+4. Desierto

3+5. Ángel

3+6. Belleza

4+1. Sexo

4+2. Mago

4+3. Café instantáneo

4+4. Ermitaño

4+5. Kalashnikov

4+6. Cuadro

5+1. Goma

5+2. Panecillo

5+3. Vaca

5+4. Queso azul

5+5. Encantamiento

5+6. Internet

6+1. Coche usado

6+2. Francés

6+3. Alas

6+4. Infierno

6+5. Espacio exterior

6+6. Chaparrón

**Héroes**

1+1. Alicia

1+2. Moira

1+3. Ana Karenina

1+4. Gorgonas

1+5. Flash Gordon

1+6. Tony Blair

2+1. Marilyn Monroe

2+2. Frodo

2+3. Kraken*

2+4. Salomé

2+5. Josef Stalin

2+6. Drácula

3+1. El emperador

3+2. La violetera

3+3. Supermán

3+4. Godzilla

3+5. Harry Potter

3+6. Indiana Jones

4+1. Platón

4+2. Mae West

4+3. Saddam Hussein

4+4. Spiderman

4+5. Hannibal Lector

4+6. Lara Croft

5+1. David

5+2. Romeo

5+3. El increíble Hulk

5+4. Julieta

5+5. Srta. Rottenmeier

5+6. Ratoncito Pérez

6+1. Aladino

6+2. Perséfone

6+3. Mefistófeles

6+4. Bill Gates

6+5. Condoleeza Rice

6+6. Beyoncé

Sé todo lo absurdo y extravagante que desees. Procura que tu historia tenga un principio, un desarrollo y un final, estructurándola de este modo:

- **Érase una vez... (presentas el escenario).**
- **Por lo tanto... (exploras las consecuencias).**
- **Y entonces... (concluyes).**

* Monstruo escandinavo, pulpo gigante. *(N. de la T.)*

# Respuestas

**El poder de las palabras, página 17**
*Anagramas:* 1. rata + lobo (+ boa); 2. oso + rana; 3. rata + sapo (+ patos); 4. mosca + rata; 5. leona + alce (+ rana)

**El potenciador de la lógica, página 18**
*Edad:* George tiene 15, Tony 9 y John 24.

Puedes desarrollarlo del siguiente modo:
1) Nos dicen que los tres amigos suman 48 años. Puedes escribirlo en álgebra:
$$G + T + J = 48$$

2) También nos dicen que las edades de George y Tony juntas equivalen a la de John. Puedes transcribirlo en álgebra:
$$G + T = J$$
De esto deducimos que $2 \times J = 48$
Por consiguiente, John ha de tener 24 años

3) Nos dicen que en seis años, John le doblará la edad a Tony, o Tony tendrá la mitad de años que John. Puedes escribirlo como sigue:
$$T + 6 = (J + 6)/2$$

Puesto que sabes que John tiene 24, puedes sustituir este dato en la ecuación:

T + 6 = (24 + 6)/2 = 15
Por consiguiente T = 15 — 6 = 9
Por lo tanto, Tony es 9 años mayor.

4) Volviendo a la primera ecuación:
G = 48 — 24 — 9 =15
Por lo tanto, George tiene 15.

**CONSEJO**: utiliza el álgebra para ayudarte.

**Poder analítico, página 18**
*Descifrado:* el mensaje oculto es: «Esta Noche Tuyo, Dani».

*CAPÍTULO 4*
**PODER DE LAS PALABRAS, página 90**
*Saca la frase:*
1. Ni puñetera idea
2. Contra reembolso
3. Justo a tiempo
4. A medias tintas
5. Las dos caras de la misma moneda
6. Estoy en la luna

**Potenciador de la lógica, página 91**
*Edad:* tengo 30 años.

Si mi edad es T y la de mi madre M, la relación entre nuestras edades actuales se puede expresar del siguiente modo:

(mi edad) T = M/2 (la mitad de la edad de mi madre)

La relación entre nuestras edades hace 15 años se puede expresar así:

(mi edad hace 15 años) $T - 15 = \dfrac{M - 15}{3}$ (un tercio de la edad de mi madre hace 15 años)

Para saber qué edad tengo (T), necesitamos una ecuación con sólo la T por despejar. Por lo tanto hemos de encontrar otra forma para expresar la edad de mi madre M. Otra forma de expresar la edad de mi madre M en esta primera ecuación es M = 2T

Por consiguiente podemos sustituir 2T por M en la segunda ecuación:

$$T - 15 = \dfrac{2T - 15}{3}$$

Con sólo la T por despejar, podemos calcularla.

$$3 \times (T - 15) = \dfrac{2T - 15}{3} \times 3$$
$$3T - 45 = 2T - 15$$
$$3T - 2T = 45 - 15$$
$$T = 30$$

Por lo tanto mi edad (T) es 30.

## Poder analítico, página 92

La que es diferente es: estrella, todas las demás palabra empiezan y terminan con la misma letra.

## Desarrollo de habilidades, página 93

*Test musical:*

1. Danubio Azul
2. Yesterday
3. La feria de Scarborough
4. Noche de Paz

## Test-concurso para ampliar la capacidad de tu cerebro, página 94

1. Los Beatles
2. Amazonas
3. Miguel Ángel
4. Daniel Radcliffe
5. Bucarest
6. Camboya
7. Pecho
8. Estambul
9. Torre de Londres
10. Emily Davison
11. *Grandes esperanzas*
12. Fotón
13. Anne Brontë
14. Jackson
15. Personal Digital Assistant
16. Gasterópodos
17. San Petesburgo
18. Anne Frank
19. La catarata del Salto del Ángel
20. Resonancia Magnética por Imágenes
21. Hematita
22. Líneas de presión idéntica

23. Titán
24. Pompeya
25. Arthur Miller
26. Wal-Mart
27. Enola Gray
28. Kilimanjaro
29. Materazzi
30. Virginia Woolf
31. Ciro el Grande
32. Hipocampo
33. Jurásico
34. Weser
35. Éter
36. Dushanbe
37. UNESCO
38. Black Eyes Peas
39. *La tempestad*
40. Sarajevo
41. El movimiento de una galaxia
42. Lavoisier
43. Rojo
44. Sequoiadendron giganteum (secuoya gigante)
45. En la Luna

**Poder de las palabras, página 111**

*Escalera de palabras*

RAZA ROZA ROPA TOPA TOPO
LOCO POCO PACO PALO PALA
TAZA CAZA CAPA CEPA CEPO

## Potenciador de la lógica, página 112

*Organizando asientos:* Julia a la derecha de Robin en la primera fila; Paul se sienta detrás de él en la segunda; George en la tercera; Susan y David se sientan en la cuarta fila, detrás de Julia y Robin.

## Poder analítico, página 112

Las tres casas, sus tres necesidades: este acertijo clásico no tiene solución en dos dimensiones. Puedes resolverlos colocando las casas sobre una forma de donut de tres dimensiones. En el dibujo de más abajo, la E (electricidad) está conectada con la casa 3 pasando por encima de la otra y volviendo a entrar en el agujero central.

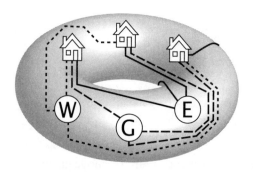

## Desarrollo de habilidades, página 114

*Test musical:*

1. Moon River
2. Summertime
3. Don't Cry for Me, Argentina

## Poder de las palabras, página 118
*Amor cruzado:*

Aun así es mejor haber amado y haber perdido
que no haber amado jamás.
ALFRED, LORD TENNYSON

No es amor,
el que se altera cuando alteración halla.
WILLIAM SHAKESPEARE

Camina bella como la noche,
de climas despejados y de cielos estrellados;
LORD BYRON

¿Cómo te amo?
Voy a contar las formas.
ELIZABETH BARRET BROWNING

¿A un día de verano compararte?
Más hermosura y suavidad posees.
WILLIAM SHAKESPEARE

He extendido mis sueños bajo tus pies;
pisa con cuidado porque pisas mis sueños.
W. B. YEATS

Oh, mi amor es como una rosa roja
que florece en junio.
ROBERT BURNS, poeta escocés

## Potenciador de la lógica, página 119
*Comida para pensar*

1. 63 kg. (El 1 por ciento de 75 es 0,75. Ella quiere pesar el 84 por ciento de su peso actual. La respuesta es 0,75 × 84.)
2. € 52,50. (Si le cuesta € 45 alimentar a sus gallinas durante 9 días, le cuesta € 5 al día alimentar a 100 gallinas. Alimentar a 150 gallinas al día le costará € 7,50. Alimentarlas durante una semanas le costará € 7,50 por 7.)
3. 200 gramos. (Tienes 12 kg que te han de durar 10 días, así que dispones de 1,2 kg para dar de comer a todos los perros cada día. Puesto que hay seis perros, la ración diaria es 1,2 kg dividido por 6, que equivale a 0,2 kg, o sea 200 g.)

## Poder analítico, página 120
*Código Morse:* ¿Qué nos ha traído Dios?

## Desarrollo de habilidades, página 122
*Test musical:*

1. *Himno a la alegría*
2. *Jingle Bells*
3. *Happy Birthday*
4. MiDo

## Potenciador de la lógica, página 128
*Cruel Navidad:*
1. Courvoisier corre por el camino de entrada y pisa la nieve virgen, no hay pisadas, por lo tanto era imposible que Hubert acabara de llegar a su casa.
2. Aunque la pistola estuviera humeando, la sangre de Madame

Hubert ya estaba coagulada. Por lo tanto, debían haberle disparado antes.

3. Cuando Courvoisier le pide a Hubert que se aparte a un lado, sus pies deberían haber dejado marcas de la nieve derritiéndose, si era cierto que acababa de entrar; el suelo estaba seco.

**Poder analítico, página 129**
*Código Morse:* De esto están hechos los recuerdos.

**Potenciador de la lógica, página 135**
*El pony fugitivo*
1. La joven es más bien fornida y va bien arreglada, mientras que el pony es pequeño y está más bien desaliñado.
2. La joven no revisa la cincha antes de montar, tampoco utiliza los estribos que son demasiado cortos para ella.
3. La primera reacción del joven es comprobar que el pony está bien.

**Poder analítico, página 137**
*Código Morse:* Todo es posible

**Memoria y comprensión, página 138**
La máxima de Confucio es: "No desees que las cosas se hagan deprisa. No te fijes en las pequeñas ventajas. Desear que las cosas se hagan deprisa impide que se hagan bien. Fijarse en las pequeñas ventajas impide realizar grandes empresas".

*CAPÍTULO 8*

**Fragmentación, página 214**

Puedes organizar las palabras en los tres grupos siguientes: belleza, comida y oficina.

**Tónico de la memoria, página 226**

*Un testigo de confianza 1:*

1. Un abrigo rosa.
2. No salió de la tienda de comestibles. Salió de la papelería y tenía un monedero y algunas monedas en la mano.
3. No lo has visto.
4. Un chándal con capucha.
5. Sí, la capucha no la llevaba puesta.
6.  Ni lo uno, ni lo otro. Era bajo.
7. Le agarró un brazo con una mano y el móvil con la otra.
8. No lo has visto. Lo único que viste es que le agarró el brazo izquierdo.

**Tónico de la memoria, página 226**

*Un testigo de confianza 2:*

1. Azul.
2. De norte a sur.
3. El hombre que estaba en la acera.
4. En el lado izquierdo o al este.
5. El perro pequeño.
6. En el lado izquierdo o al este.
7.  Un hombre.
8. De la papelería.

**Tónico de la memoria, página 234**

Test de reconocimiento:

1. Jane Fonda
2. Superior
3. Mary Ann Evans
4. Hijastro
5. Astaná
6. Por la caída de rayos
7. Glúteo mayor
8. Yenisey-Angara
9. Irán
10. Antonio Banderas
11. Boreas
12. Sirio (sólo parece ser la estrella más brillante; Deneb es mucho más brillante, pero no lo parece porque está más lejos)
13. Cork
14. $10.000
15. San Petersburgo
16. Osmonds
17. *Las aventuras de Tom Sawyer*
18. *Emma*
19. Nueva Guinea
20. Una alineación de planetas
21. Guanina
22. 2004
23. Alicia Keys
24. K2
25. En un pergamino antiguo
26. San Agustín
27. Las salamandras gigantes chinas
28. 1.227,98 km/h

29. 120 años y 237 días
30. Hidrógeno
31. Jalal Talabani
32. Cuerpo calloso
33. Cherry brandy
34. Un tipo de ajo silvestre
35. Húngaro
36. Den Xaopin
37. Edward Barton
38. Mark Philippoussis
39. *Como gustéis*
40. 5 por ciento
41. Hartsfield, Atlanta
42. Harriet Beecher Stowe
43. 13.700 millones de años
44. Dólar estadounidense
45. John D. Rockefeller

**Recuerda, página 245**

1. Fernando Magallanes
2. Howard Shore
3. Contigo aprendí/a conocer un mundo nuevo de ilusiones
4. En las Joyas de la Corona de la Torre de Londres
5. El emperador chino Qin Shi Huang
6. Vladimir Ulyanov
7. Agra, en India
8. Tiburón ballena
9. 299.792 (300.000 también vale)
10. Por inventar el transistor
11. Albahaca, queso parmesano, piñones, ajo y aceite de oliva
12. Liverpool

13. La lengua de un caracol
14. Júpiter
15. Woody Allen
16. Hugo Chávez
17. Mont Blanc
18. Jean-Paul Sartre
19. Colombia
20. Michael Collins
21. Michael Collins
22. 1.000 kg
23. Cerdos
24. Milán
25. Rusia
26. Tim Burton
27. José Manuel Barroso
28. Florencia
29. Radio, cúbito, húmero
30. a) Madhya Pradesh  b) Alaska

**Pensamiento crítico, página 283**
*El dilema del coche:* C
*¿Existe el planeta X?:* B


*CONCLUSIÓN*
**Poder de las palabras, página 309**
*Anagrama:* tulipán, amapola, lirio, laurel, orégano; elemento en común: tallo

**Potenciador de la lógica, página 310**
*Lógica de estaturas:* si Sam mide 2,01 m, Mary ha de medir 1,64

m. y Richard 1,82 m. Esto es porque Richard mide 15 cm menos que Sam y 20 cm más que Mary.

**Poder analítico, página 310**

*Mensaje oculto:* A las 7 en mi casa. Utilizando cada tercera palabra del mensaje.

*APÉNDICE*

**Lógica, página 319**

*Semana 1:* los trenes estarán a una distancia de 4,5 km. Si los trenes se desplazan el uno hacia el otro, se han de combinar sus velocidades para averiguar su velocidad básica, por ej.: 55 + 80 = 135 km/h. Luego divide esta velocidad por 60 minutos para saber a qué velocidad viajan por minuto, o qué distancia recorren en 1 minuto, concretamente 2,25 km/minuto. Ahora, multiplica esto por 2 para averiguar la distancia que los separará 2 minutos antes del impacto.

*Semana 2:* Debería haber 420 barritas de chocolate en cada caja. Esto es porque 420 es el denominador común más bajo para 3, 4, 5 y 7. Lo que has de hacer es lo siguiente $3 \times 4 \times 5 \times 7 = 420$

*Semana 3:* Fueron 3 estudiantes los que sacaron sobresaliente. Para resolver esto, primero has de encontrar el denominador común para los números 3, 4, 6 y 8. El único denominador común inferior a 30 es 24. Por consiguiente, 8 alumnos sacaron notable, 6 alumnos notable bajo, 4 aprobaron y 3 suspendieron. Esto supone 21 alumnos, con lo que nos queda que los 3 restantes recibieron un sobresaliente.

*Semana 4:* si Mike come 3 veces más deprisa que Luke, ha de poder comer tres veces más bollos que su hermano. Por consiguiente, Mike come 24 mientras Luke come 8 (32:4 = 8). Entre los dos tardarán 45 minutos.

# Índice